Enorad Soldat
Zwischen Schatten und Licht

Mein Weg durch Burnout und Depression

Enorad Soldat

Zwischen Schatten und Licht

Mein Weg durch Burnout und Depression

Verlag: BoD · Books on Demand GmbH, In de Tarpen 42, 22848 Norderstedt, bod@bod.de

Druck: Libri Plureos GmbH, Friedensallee 273, 22763 Hamburg

ISBN: 978-3-7693-2689-5

Inhaltsverzeichnis

Einleitung: Warum ich dieses Buch schreibe

Wenn du dich aktuell in einer Notlage befindest, möchte ich dich ermutigen, sofort professionelle Hilfe in Anspruch zu nehmen – sei es durch einen Arzt, Psychologen oder Psychotherapeuten. Du musst diesen Weg nicht alleine gehen, und es gibt Menschen, die dir helfen können.

Burnout. Ein Wort, das oft leichtfertig benutzt wird und dennoch eine so tiefe und schwerwiegende Realität beschreibt. Für mich war es mehr als nur ein Zustand von Erschöpfung – es war ein Wendepunkt in meinem Leben. Ich schreibe dieses Buch, weil ich weiß, wie einsam, überwältigend und beängstigend es sein kann, wenn man sich in den Fängen des Burnouts befindet.

Meine Reise in und aus dem Burnout war kein geradliniger Weg. Es war ein schmerzhafter, aber auch lehrreicher Prozess, der mich dazu gebracht hat, mein Leben grundlegend zu überdenken. Dieses Buch ist mein Versuch, meine Erfahrungen zu teilen, damit andere, die sich in einer ähnlichen Situation befinden, sich weniger allein fühlen und vielleicht sogar Hoffnung schöpfen können.

Gleichzeitig schreibe ich dieses Buch für mich selbst. Das Niederschreiben meiner Geschichte gibt mir die Möglichkeit, meine Erfahrungen zu verarbeiten und dem, was ich erlebt habe, einen Namen zu geben. Es hilft mir, das Chaos in meinem Kopf zu ordnen und die verschiedenen Etappen meines Weges besser zu verstehen. Dieses Buch ist für mich ein Weg, die Kontrolle über etwas zurückzugewinnen, das mich lange Zeit überwältigt hat.

Ich möchte nicht nur meine Geschichte erzählen, sondern auch zeigen, dass es einen Weg aus dem Burnout gibt – einen Weg, der zwar nicht immer leicht ist, aber unglaublich lohnenswert. Wenn ich mit diesem Buch auch nur einer Person helfen kann, einen kleinen Lichtblick in einer dunklen Phase zu finden, dann hat sich all das Schreiben schon gelohnt.

Kapitel 1: Was ist Burnout?

Burnout. Ein Begriff, der in den letzten Jahren immer häufiger benutzt wird – manchmal sogar leichtfertig. Doch was genau bedeutet es eigentlich, „ausgebrannt" zu sein? Ist es nur die Folge von Stress, oder steckt mehr dahinter?

Die Wahrheit ist: Es gibt nicht „das eine Burnout". Burnout kann sich auf vielfältige Weise äußern und jede Person unterschiedlich betreffen. Für manche ist es vor allem eine körperliche Erschöpfung, für andere ein emotionales Loch. Und oft sind die Grenzen zwischen einem Burnout und einer Depression fließend. Tatsächlich geht Burnout in vielen Fällen mit einer Depression einher, auch wenn es nicht immer offensichtlich ist.

Burnout beschreibt in der Regel einen Zustand der totalen Erschöpfung – körperlich, geistig und emotional. Er entsteht oft durch chronischen Stress, sei es durch Arbeit, familiäre Belastungen oder andere Lebensumstände.

Doch es gibt verschiedene Varianten von Burnout, die sich durch unterschiedliche Auslöser und Symptome zeigen:

1. <u>Arbeitsbezogenes Burnout:</u>
   Die häufigste Form. Sie entsteht durch

Überforderung oder Unterforderung am Arbeitsplatz. Perfektionismus, fehlende Wertschätzung und das Gefühl, nie genug leisten zu können, spielen hier oft eine Rolle.

2. Beziehungs-Burnout:
    Auch in zwischenmenschlichen Beziehungen kann man ausbrennen – sei es in einer Partnerschaft, der Familie der durch das ständige Sorgen um andere.

3. Burnout durch Überengagement:
    Menschen, die sich zu sehr für andere einsetzen, ohne auf sich selbst zu achten, sind oft betroffen. Das betrifft häufig pflegende Angehörige oder Menschen in helfenden Berufen.

4. Burnout durch Sinnkrisen:
    Wenn das Gefühl der Erfüllung fehlt, kann sich ein Burnout auch durch eine existenzielle Krise entwickeln – eine Leere, die schwer zu beschreiben ist.

Burnout und Depression: Zwei Seiten einer Medaille?

Burnout wird oft als reine „Stressfolge" wahrgenommen, aber das ist nur die halbe Wahrheit. In vielen Fällen entwickelt sich parallel eine Depression.

Während Burnout durch chronische Überlastung entsteht, ist eine Depression eine psychische Erkrankung, die viele Ursachen haben kann – von genetischen Faktoren bis hin zu biochemischen Veränderungen im Gehirn.

Die Symptome von Burnout und Depression überlappen sich häufig:

- Gefühle von Hoffnungslosigkeit und Versagen.
- Antriebslosigkeit und das Gefühl, keine Energie mehr zu haben.
- Rückzug aus sozialen Kontakten.
- Konzentrationsprobleme und Schlafstörungen.

Während eine Depression jedoch oft ohne klaren äußeren Auslöser auftreten kann, ist Burnout meist mit einer klaren Ursache verbunden – sei es der Job, Beziehungen oder persönliche Krisen. Doch ohne rechtzeitige Hilfe kann ein Burnout in eine klinische Depression übergehen.

Warum diese Unterscheidung wichtig ist

Es ist wichtig, zu verstehen, dass Burnout nicht bei jeder Person gleich aussieht. Es gibt keine universelle „Diagnose" und keinen allgemeingültigen Weg zur Heilung. Was für die eine Person funktioniert, mag für eine andere nicht passen. Aber die gute Nachricht ist: Mit der richtigen Unterstüt-

zung und dem Willen, sich selbst zu helfen, gibt es
Wege, aus dem Burnout herauszukommen.

In diesem Buch werde ich nicht nur meine persönliche Reise durch den Burnout mit dir teilen, sondern auch darauf eingehen, wie sich die unter-
schiedlichen Facetten zeigen können – und wie
wichtig es ist, sie zu erkennen und ernst zu nehmen.

Kapitel 2: Tagebuch in das Burnout

Heute ist mein erster Tag zurück bei meinem alten Arbeitgeber, wo ich bereits zehn Jahre tätig gewesen war. Nach einigen Jahren der Selbstständigkeit, die ich wegen mangelnder Perspektiven dort eingeschlagen hatte, kehrte ich mit gemischten Gefühlen zurück. Doch eine Position wurde frei, auf die ich schon lange gehofft hatte. Zwar war es nicht der Traumberuf, den ich mir vorgestellt hatte, doch es war genau der Bereich, den man wirklich verstehen und beherrschen sollte, um weiterzukommen.

Die Begrüßung durch die ehemaligen Teammitglieder war herzlich. Es fühlte sich fast so an, als wäre ich nie weg gewesen. Wir hatten immer ein gutes Verhältnis, und ich konnte mich glücklich schätzen, dass es hier keine der üblichen Konflikte gab, von denen ich aus anderen Teams oft hörte.

Die ersten Wochen vergingen wie im Flug. Es gab so viel Neues zu lernen – viele interne Prozesse und spezielle Anpassungen, die jede Firma auf ihre Weise individuell handhabt. Doch es machte mir großen Spaß, und ich vertiefte mich auch in meiner Freizeit in diese Themen. Fachliteratur wurde zu meinem ständigen Begleiter.

Es war nicht nur ein Job für mich, sondern eine Leidenschaft. Deshalb waren Überstunden für mich keine Belastung, sondern ein Mittel, um noch mehr Wissen anzusammeln. Ich wollte mich

beweisen, wollte Fortschritte machen und zeigen,
dass ich den Herausforderungen gewachsen war.

Schon nach drei Monaten vertraute mir mein Kollege Aufgaben an, die eigentlich eine offizielle Weiterbildung erforderten. Doch er erkannte meine Fähigkeiten und gab mir die Verantwortung. Das war eine große Anerkennung, besonders weil er in diesem Bereich als Urgestein galt und mein zukünftiger Vorgesetzter sein würde. Sein Vertrauen bedeutete mir viel.

Im vierten Monat hatte ich den Bereich vollständig übernommen. Mein Kollege stand nur noch bei Notfällen zur Seite. Kollegen aus anderen Abteilungen kamen mit ihren Fragen direkt zu mir, und ich wurde zur Hauptansprechperson für technische Umsetzungen, Besprechungen und Projekte. Es fühlte sich wie eine große Ehre an, aber auch wie eine spannende Herausforderung, der ich mich voller Tatendrang stellte.

Ich genoss diese Zeit. Um mir den täglichen Weg von 40 Minuten angenehmer zu machen, gönnte ich mir ein neues Auto. Die Arbeitstage waren abwechslungsreich und produktiv, und das Arbeitsklima war durch die Kolleg*innen immer angenehm. Unsere Mittagspausen waren oft ein Highlight: Wir gingen zusammen essen, bestellten uns etwas oder erkundeten bei gutem Wetter die Stadt.

Der Kreislauf der Veränderung

Der Arbeitsalltag war wie ein immer fortlaufender
Kreislauf. Altes wurde ersetzt, Neues eingeführt.
Angebote einholen, externe Partner koordinieren,
interne Teams einbinden, Meetings koordinieren –
jede Aufgabe folgte nahtlos der nächsten. Es gab
immer wieder neue Projekte, neue Produkte, wö-
chentliche Besprechungen und frische Impulse
durch neue Kolleg*innen. Veränderung war der
Motor, der uns antrieb. Und ich glaube fest daran,
dass sie uns voranbrachte.

Beim letzten Abteilungsmeeting erfuhren wir, dass
eine neue Assistenzkraft eingestellt wird, da die
aktuelle erneut in Elternzeit geht. Es war bereits
die dritte Person in dieser Rolle innerhalb von zwei
Jahren. Wir scherzten schon, dass es wohl am
Sessel liegen müsse, wenn jede, die länger als zwei
Monate darauf sitzt, schwanger wird. Vielleicht
sollten wir ihn austauschen, nur um zu sehen, ob
er auch bei anderen Wirkung zeigt.

Neue und laufende Projekte beherrschten meinen
Arbeitsalltag. Als Verantwortlicher und "letzte Instanz" bei Problemen sowie Ansprechperson für
ein ganzes Bundesland schmeichelte das meinem
Ego natürlich.

Meine Kolleg*innen fanden es immer wieder amü-
sant, wenn sie mir bei meinen "Ticks" zusehen
konnten, wenn ich Stifte, Blätter oder Hardware
akkurat an einer geraden Linie oder Kante aus-
richte. Für mich war es einfach ordentlicher. Wie
ich es in meiner Lehrzeit gelernt hatte: *„Sauberkeit
+ Ordnung = Sicherheit.“* Manchmal schlug ich
vielleicht ein wenig über die Stränge, wenn ich

selbst bei Gesprächen anfing, die Stifte der anderen nach Größe zu sortieren.

Manchmal muss ich schmunzeln, wenn Kolleg*innen mich Monk, Sheldon oder Dr. Kevin Casey nennen. Ich nehme das nicht als Kritik, sondern als Anerkennung für meine Liebe zur Ordnung. Schließlich muss es ja nicht überall wie auf einem Schlachtfeld aussehen. Zu Hause allerdings bringt mich genau diese Ordnungsliebe regelmäßig an den Rand der Verzweiflung – vor allem, wenn mein System im Geschirrspüler nicht eingehalten wird. Ich habe klare Vorstellungen: kleine Löffel, kleine Gabeln, große Löffel, große Gabeln, Streichmesser, Schneidemesser – alles aufsteigend sortiert, platzsparend und effizient. So funktioniert es am besten.

Effizienz ist für mich essenziell, aber das scheint bei einigen Kolleg*innen ein Fremdwort zu sein. Am meisten stören mich diejenigen, die nicht bereit sind, ihren Teil beizutragen. Neulich warteten mein Kollege und ich sechs Stunden darauf, dass eine Datei zurückgeladen wird. Zwei Personen waren daran beteiligt, aber trotzdem passierte nichts. Sie vergeudeten Zeit, die wir uns einfach nicht leisten können. Aber da wir strikt unsere „Arbeitsbereiche" einhalten müssen, war Eingreifen nicht erwünscht.

Zum Glück mangelt es uns nicht an Aufgaben. Selbst wenn solche Probleme im Raum stehen, finden wir immer etwas zu tun. Langweilig wird uns also nicht. Doch immer wieder sorgt die Dynamik im Team für Frustration. Kürzlich kam die Abteilungsleitung vorbei und beschwerte sich über die neue Sekretärin: Sie würde angeblich nur die Hälfte machen. Mein Kollege und ich warfen uns fragende Blicke zu. „Also, wenn ich etwas gebraucht habe – sei es Material oder Korrekturen – war das immer schnell erledigt. Schneller als bei allen anderen vor ihr", sagte er. Wer weiß, was da wirklich vorgefallen ist. Wir arbeiten schließlich nicht direkt mit ihr zusammen und können nur mutmaßen.

Das eigentliche Problem ist jedoch die Ungleichverteilung der Aufgaben. Die einfachsten Probleme liegen oft tagelang im Ticketsystem, und niemand meiner beiden anderen Kolleg*innen nimmt sich ihrer an. Es beginnt zu nerven, aber da wir alle die gleiche Tätigkeit ausüben, kann niemand den anderen zu etwas verpflichten.

Natürlich bleibt es nicht dabei. Mein neuer Vorgesetzter steht wieder einmal vor mir und drückt mir eine „kleine Umsetzung" aufs Auge. Ich seufze und frage ihn direkt: „Warum kommst du eigentlich immer zu mir? Ich habe noch zwei Kolleg*innen, die – wenn überhaupt – außer Tickets nichts machen."

Er lächelt und sagt: „Schau, es ist ganz einfach: Wenn DU willst, dass etwas schnell und sicher umgesetzt wird, zu wem gehst du? Zu denen, bei denen man stundenlang diskutieren muss, oder zu der Person, bei der es in kurzer Zeit zu 100 % fertig ist?"

Diese Antwort war einerseits eine Ehre, andererseits zeigte sie auch, wie die Arbeitsaufteilung lief. Es gab keinen Zweifel daran, dass ich verlässlich war – vielleicht zu verlässlich.

Und wieder kommen die Kopfschmerzen. Mittlerweile sind sie ein treuer Begleiter, fast alle zwei Tage. Hoffentlich verschwindet das bald. Zum Glück habe ich immer meine Reiseapotheke dabei – eine Sammlung aus Schmerzmitteln, Durchfalltabletten, Halstabletten und Magen-Darm-Tropfen. Eine Art Überlebenspaket für den Alltag.

Heute geht es in die Hauptstadt. Als Vertreter für mein Bundesland wurde ich einberufen, um an einem bundesweiten Sicherheitskonzept mitzuwirken. Es fühlt sich gut an, zu sehen, dass meine Arbeit anerkannt wird. Da soll noch jemand sagen, eine einzelne Person könne nichts verändern.

Ein neuer Tag – und wieder Kopfschmerzen. Aber kein Wunder, ich habe kaum geschlafen. Zu viele Gedanken wirbeln in meinem Kopf, alles, was ich umsetzen will. Aber irgendwie finde ich das fast hilfreich: Im Schlaf fallen mir oft Lösungen oder Tests ein, die ich tagsüber nicht auf dem Schirm hatte. Es spart mir in der Arbeit Zeit – theoretisch. Praktisch bedeutet es, dass ich mich noch mehr anderen Dingen widmen kann.

Mein Magen rebelliert ebenfalls wieder. Mit zwei Imodium schaffe ich es zumindest noch in die Arbeit. Kaum angekommen, sehe ich schon den nächsten Albtraum im Ticketsystem: ein globaler Ausfall. Da meine Kolleg*innen das vermutlich in sechs Stunden nicht lösen können, mache ich mich direkt an die Arbeit. Nach 30 Minuten läuft alles wieder, und der Betrieb kann weitergehen. Natürlich werde ich gefragt, warum ich das Ticket nicht abgegeben habe. Aber ich weiß: Wenn ich es nicht selbst mache, werde ich am Ende sowieso um Hilfe gebeten. Der Satz „Wenn du willst, dass es richtig gemacht wird, mach es selbst" passt irgendwie immer besser zu mir. Traurig eigentlich.

Kaum ist der Ausfall behoben, steht das nächste Projekt an. Warum bekomme eigentlich immer ich die neuen Projekte? Es ist nicht so, dass ich dann weniger Tickets zu erledigen hätte. Gefühlt erledige ich alleine Zweimal mehr als meine zwei Kolleg*innen zusammen. Vermutlich ist das nur Einbildung. Die anderen sind bestimmt auch genug ausgelastet. Um sicherzugehen, werfe ich einen Blick in die Statistik – und stelle fest, dass meine Vermutung falsch war. Es ist nicht das Doppelte, sondern ein Dreifaches der Arbeit, das ich alleine mehr als sie zusammen schaffe. Fehler zuzugeben, gehört schließlich dazu.

Die Kopfschmerzen und Bauchkrämpfe kommen zurück. Ich nehme ein Imodium und ein Paracetamol. Langsam werden meine Vorräte knapp – wie so oft. Als ich meinem Vorgesetzten die Situation erkläre und anspreche, dass die Arbeitsaufteilung nicht funktioniert, werde ich direkt zurückgeworfen: „Hast du so viel Zeit, dass du Statistiken schauen kannst?" Und dann fügt er hinzu: „Aber wir werden die Aufteilung verbessern." Kaum hatte er das ausgesprochen, schob er mir zwei neue Aufgaben zu.

„Sag mal, hast du mir überhaupt zugehört?" frage ich, den Frust kaum noch unterdrückend.
„Doch, doch," sagt er. „Aber das MUSS bis morgen erledigt sein, und du bist der Einzige, der noch da ist."

Ein Einspruch bringt wie immer nichts. Um nicht unfreundlich zu werden, nehme ich die Aufgaben an und erledige sie. Wenigstens bin ich diesmal nicht über die zehn Stunden hinausgegangen. Ein schwacher Trost.

Die Heimfahrt zieht sich. Jeder Stau, jede rote Ampel und jeder Fahrfehler anderer Autofahrer verstärken meine Gereiztheit. Zuhause angekommen, gönne ich mir einen Portwein – oder zwei. Es fühlt sich wie das einzig Richtige an.

Am nächsten Morgen kommt die Sekretärin völlig aufgelöst zu uns. Sie hat eine Abmahnung bekommen, weil ihre Kleidung angeblich zu aufreizend sei. Ein schwarzes, langes Kleid – ehrlich gesagt, weit entfernt von „aufreizend". Aber manche Wahrnehmungen sind wohl seltsam verzerrt. Man müsste eher einige Kolleg*innen mit Radlerhosen hinterfragen.

Ein neuer Kollege wurde eingestellt, als Verstär-
kung für die andere Gruppe. Das klingt nach einer
guten Nachricht. Jetzt, wo wir eine große Hard-
ware-Umstellung vor uns haben, können wir jede
helfende Hand gebrauchen. Doch die Realität sieht
anders aus. Am ersten Tag dieser Umstellung, für
die wir 18 Stunden angesetzt haben, verschwindet
der neue Kollege kurz nach 21:00 Uhr.

„Du weißt schon, dass wir noch lange nicht fertig
sind? Wir schätzen so bis 2:00 Uhr.“
„Okay, aber ich bin müde. Ich geh heim.“

Genau solche Situationen machen alles nur noch
schwerer. Leider bleibt es auch bei weiteren Um-
stellungen nicht besser. Der Kollege wird mehrfach im Sozialraum beim Schnapsen mit dem Chef
gesichtet. Mein Vorgesetzter zuckt nur mit den
Schultern: „Wenn er beim Chef sitzt, kann ich nix
sagen.“ Und der Chef sagt: „Wenn der Verantwort-
liche nix sagt, sag ich auch nix. Ich bin nur zum
Helfen da.“

Das sagt alles. Kommunikation ist wirklich der
Schlüssel – wenn man denn jemanden findet, der
ihn benutzen will.

Und wieder kommt die Abteilungsleitung mit einer
neuen Beschwerde über unsere Sekretärin: „Die
Arbeit wird nur zur Hälfte oder gar nicht erledigt.“
Es scheint, als würde sie hier nie aus der Kritik
kommen.

„Wenn es nicht die Kleidung ist, dann eben die Arbeit", dachten wir uns. Aber am Ende war klar: Wir sind nicht hier, um Freundschaften zu schließen, sondern um unsere Aufgaben zu erledigen. Persönliche Differenzen gibt es überall – das hier scheint einfach eine dieser Situationen zu sein, wo sich zwei Seiten nicht verstehen. Schade eigentlich, aber auch nichts Neues.

Zur Feier des Tages gönne ich mir am Abend 2 Gläser Portwein.

---

2 Wochen Weiterbildung und dann zurück auf Anfang

Endlich ist es soweit: Meine Weiterbildung beginnt! Ich spüre eine Begeisterung, die ich lange nicht mehr empfunden habe. Es macht mir unglaublich Spaß, Neues zu lernen, und ich genieße das Gefühl, endlich wieder am Puls der Technik zu sein. Die Möglichkeiten, alte Strukturen mit frischen Ideen zu verbessern, treiben mich an. Jede neue Erkenntnis fühlt sich an wie ein Baustein, der etwas Großes entstehen lässt. Für einen Moment scheint die Realität weit weg, und ich träume von den Veränderungen, die ich umsetzen könnte.

Doch die zwei Wochen Weiterbildung vergehen schneller, als ich erwartet habe. Kaum zurück am Arbeitsplatz, holt mich die Realität mit einer Wucht ein, die fast körperlich spürbar ist. Schon nach der ersten Stunde frage ich mich: „Hat hier überhaupt jemand gearbeitet?" Ein Blick ins Ticketsystem bringt die ernüchternde Antwort: „Wird vom Kollegen erledigt, wenn er wieder da ist" oder „Muss jemand anderer machen, ich kenn mich nicht aus." Die Notizen sind wie ein Schlag ins Gesicht – sie schreien förmlich danach, dass alles auf mich gewartet hat.

Mein Frust ist grenzenlos. Während ich mich während der Weiterbildung inspiriert und motiviert gefühlt habe, kehre ich jetzt zu einem Arbeitsplatz zurück, der sich wie ein Berg aus Chaos anfühlt. Meine Schmerzmittel, die ich schon länger bei mir trage, werden inzwischen wie Gummibären konsumiert – eine ungesunde Routine, aber momentan das Einzige, was mir irgendwie hilft, durchzuhalten.

Als ich meine Mailbox öffne, springt mir die Zahl ins Gesicht: 2400 neue Nachrichten. Ein Großteil davon besteht aus Logfiles von Sicherheitssystemen oder eskalierten Tickets, die scheinbar zwei Wochen lang niemand übernehmen wollte. Die Zusammenfassungen der Besprechungen, die ich verpasst habe? Die schiebe ich erst einmal beiseite. Ein Blick reicht, um zu wissen, dass mich das nur noch mehr frustrieren würde. Zum Glück sind meine Vormittage besprechungsfrei. Ich koche mir einen Kamillentee, nehme ein Imodium und eine Paracetamol – mein üblicher Start in den Tag – und mache mich an die Arbeit. Irgendwie muss ich diesen Tag überstehen.

Mittagspause. Nach fünf Stunden intensiven E-Mail-Abbaus schließe ich mich den wenigen Kolleg*innen an, die für mich noch relevant sind. Das Essen ist gut, aber nicht gut genug, um den Tag zu retten. Irgendetwas in mir will einfach keine Erleichterung zulassen. Ausnahmsweise gönne ich mir ein Bier dazu, obwohl ich Bier eigentlich nicht mag.

Andi hätte das nie unkommentiert gelassen. Noch höre ich ihn scherzen: *„Jetzt trinkst du auch schon in der Arbeit? Dann ist die letzte Bastion gefallen.“* Und zum ersten Mal spüre ich es wirklich deutlich: Ich will nicht mehr an diesen Arbeitsplatz zurück. Es ist, als ob etwas in mir endgültig zerbrochen ist.

Doch damit nicht genug. Der Tag überrascht mich mit einer neuen Begleiterscheinung: Sodbrennen. Vermutlich die Folge der Medikamente, die inzwischen zu meinem täglichen Begleiter geworden sind. Oder vielleicht ist es die Summe aus Stress, Frust und der allgegenwärtigen Müdigkeit, die sich immer weiter aufbaut. Ich weiß es nicht – und ehrlich gesagt, will ich es auch nicht mehr wissen.

Mein Magen rebellierte, mein Kopf schmerzte. Doch ich machte weiter. Nach neun Stunden war der Arbeitstag endlich vorbei, und ich beschloss: *„Ab morgen werde ich Überstunden abbauen.“*

Spoiler: ich schaffte es KEINEN EINZIGEN Tag!

Den Portwein habe ich mir heute wirklich ver-
dient!

Heute kam es zu einer Eskalation, die in der heutigen Zeit eigentlich nicht mehr vorkommen sollte.
Es kursierten Gerüchte, dass unsere Sekretärin
unsittlich berührt wurde. Wenn das nur Gerüchte
waren, dann mussten sie so schnell wie möglich
unterbunden werden – solche Dinge können sonst
leicht eskalieren. Doch falls die Vorwürfe wahr
sein sollten, war es umso wichtiger, dass sie sich
bei uns sicher fühlt.

Leider stellte sich heraus, dass die Gerüchte
stimmten. Und schlimmer noch: Die Person soll
jemand aus unserer Abteilung gewesen sein. Für
die Kollegin war die Situation verständlicherweise
extrem unangenehm. Wir hatten den Eindruck,
dass sie das Thema lieber totschweigen wollte,
vermutlich weil das Verhältnis zwischen ihr und
der Abteilungsleitung ohnehin angespannt war.
Doch so etwas kann und darf man nicht ver-
schweigen.

Wir beschlossen, die Vorgesetzten direkt darauf
anzusprechen. Doch was dann kam, verschlug
uns die Sprache. Statt das Thema ernst zu nehmen, wurde es fast ins Lächerliche gezogen. Aus-
sagen wie: „Das gehörte früher zum guten Ton,
wer hat nicht schon mal einer Kollegin auf den
Hintern gegriffen?" hallten durch den Raum.

Uns allen fiel sprichwörtlich das Gesicht hinunter. „Geht's euch noch gut? IHR toleriert so etwas auch noch?" sagten wir, wobei wir uns alle kaum unter Kontrolle halten konnte. Diese Worte lagen wie ein giftiger Nebel in der Luft. Es war, als ob der gesamte Fortschritt der letzten Jahrzehnte plötzlich nicht existierte – und wir uns in einer anderen, düsteren Zeit wiederfanden.

„Stellt euch nicht so an, das ist doch gar nicht wild" kam es plötzlich von unserem Vorgesetzten.

Nicht wild? Hat er das wirklich gesagt? Nicht wild? Wir waren fassungslos. Wie konnte man so etwas derart verharmlosen? Es fühlte sich an, als ob ein Schlag in den Magen noch nicht gereicht hätte, und man uns gleich noch einen hinterherschickte.

Eine Frage brannte uns allen auf der Seele: „Was ist schlimmer – sexuelle Belästigung am Arbeitsplatz oder das bewusste Verharmlosen und wissentliche Schützen des Täters?"

Für uns war die Antwort klar: „Entweder nehmt IHR euch als Abteilungsleitung dieser Sache an, oder wir informieren die Polizei direkt!" Es war keine Drohung – es war eine Tatsache. Die Situation war weit über einen Punkt hinaus, an dem man einfach noch abwarten konnte.

Und siehe da, endlich passierte etwas. Die betroffenen Personen, der Betriebsrat und die Abteilungsleitung wurden zu einem Gespräch zusammengerufen. Endlich ein Schritt in die richtige

Richtung – auch wenn es viel zu lange gedauert hatte, und wohl ohne Gegenwehr nicht passiert wäre.

Doch die Worte unseres Vorgesetzten hallten noch lange nach: „Nicht wild… so etwas gehört zum guten Ton…" Selten hatte ich so einen Bullshit gehört. Es war, als ob die Worte eine andere, kaputte Welt widerspiegelten, in der Respekt und Verantwortung keinen Platz hatten.

Seit einigen Wochen war ein Computerspiel meine Zuflucht geworden – eine Fantasiewelt, in der ich mit anderen zusammenarbeiten konnte. Andi hatte mich dazu animiert, und es fühlte sich an wie ein kleiner Lichtblick. Gemeinsam durch Instanzen zu kämpfen, Items zu sammeln und Erfolge zu feiern, lenkte mich für ein paar Stunden vom Stress ab. Manchmal dachte ich: *Das alles mal ungestraft im echten Leben…"* Doch diese Gedanken schob ich schnell beiseite.
Diese Fantasiewelt, in der ich mit Freunden unterwegs bin, ist für mich wie ein kleiner Schutzraum. Sie holt mich runter und lässt mich den Stress für eine Weile vergessen.

Ein neuer Tag, dieselbe Last

Eine Nacht voller Horror: Bauchkrämpfe, Sodbrennen, kaum vier Stunden Schlaf – ich bin mehrfach mit schmerzhaften Beinkrämpfen aufgewacht. *Kein Wunder, dass ich schlecht gelaunt bin.* Um 6:00 Uhr beginne ich meinen Dienst, wie immer. Auf dem Weg zur Arbeit muss ich kurz anhalten, weil mir übel wird. Hoffentlich vergeht der Tag heute schnell. Zum Glück stehen fast nur Videokonferenzen auf dem Plan, auch wenn das bedeutet, dass meine eigentliche Arbeit wieder liegen bleibt.

Dieses Herzflattern, das ich inzwischen immer häufiger spüre, ist mit der Zeit doch recht unangenehm geworden. Aber ich rede mir ein, dass es nichts Besonderes ist – wahrscheinlich einfach nur etwas, das ich von meinem Vater geerbt habe: Extrasystolen. Nichts Dramatisches, sage ich mir immer wieder. Ein kleines Stolpern im Herzen, das sich trotzdem manchmal so anfühlt, als wolle es mir sagen, dass etwas nicht stimmt.

Sicherheitshalber beschließe ich, mir ein 1-Kanal-Brust-EKG zu kaufen. Nicht, weil ich wirklich glaube, dass es etwas Ernstes ist, sondern eher, um meine Annahme zu bestätigen: Es sind bestimmt nur die Extrasystolen, nichts, worüber ich mir Sorgen machen müsste. Ich will es einfach schwarz auf weiß sehen – eine Art Beruhigung, die ich mir selbst verschreibe.

Die Arbeit bestand hauptsächlich aus Besprechungen, die mich noch weiter von meinen eigentlichen Aufgaben entfernten. Doch zwischen den
Terminen vereinbarte ich mit Andi einen Termin
für das Computerspiel: *„Lass uns heute Abend
richtig Brain-AFK durch die Instanz schnetzeln.“*

*Ja, ich mag meine Arbeit noch immer – irgendwie.
Aber...*

Abends: Es ist 19:00 Uhr, und ich bin bereit für
unser Spiel. Tee, Kekse und Schmerztabletten
liegen griffbereit mit einem Glas Portwein. Auch im
Spiel selbst gibt es einiges vorzubereiten: Tränke
brauen, Ausrüstung verbessern, Items sammeln.
Da Andi noch nicht da ist, übernehme ich für ihn
gleich mit. Diese kleine Hilfsarbeit lenkt mich ab,
und der Gedanke, dass wir bald zusammen spielen, motiviert mich. Den ganzen Tag habe ich mich
auf diese paar Stunden gefreut – ein kleiner Lichtblick inmitten des Chaos.

20:00 Uhr: Andi ist immer noch nicht da. Na gut,
dann fange ich eben allein an. Ich suche mir ein
paar Freiwillige, die mir als Kanonenfutter dienen,
und räume die Instanz fast im Alleingang leer. Es
gibt mir ein Gefühl von Macht und Kontrolle, das
ich in der realen Welt schon lange nicht mehr spüre. Was für ein mächtiger Krieger ich bin! Es beeindruckt mich immer wieder, wie souverän ich
hier dominieren kann – in dieser virtuellen Welt,
in der ich die Regeln bestimme.

Die Nacht: Wieder einmal quält mich der Schlaf.
Krämpfe in den Beinen zwingen mich aus dem
Bett. Neu hinzugekommen - ein nervöses Zucken
in meiner linken Hand. Ich könnte schwören, sogar mein Augenlid zuckt. Vermutlich fehlt mir
Magnesium. Also passe ich mein Frühstück ent-
sprechend an: Paracetamol, Imodium, Iberogast,
OmniBiotic, Passelyt, Multivitaminbärchen – und
jetzt auch noch Magnesium. Ein wahres Buffet
aus Tabletten. Vielleicht sollte ich mir dazu noch
einen kleinen Cocktailshaker besorgen, nur der
Form halber.

Morgen: Schon wieder steht ein Arbeitstag an. Ich
schleppe mich zur Tür hinaus, während mein
Körper rebelliert. Der Tag verspricht, ein Marathon
voller Besprechungen zu werden. Manchmal frage
ich mich, ob die Meetings nicht dazu da sind, alles
totzureden, bis es sich von selbst erledigt. Die eigentliche Arbeit bleibt jedenfalls wie immer auf der
Strecke – begraben unter einer Lawine aus Besprechungen, die nirgendwohin führen.

Kaum betrete ich die Abteilung, höre ich schon die
Stimme meines Vorgesetzten: „Komm mal rein,
bitte." Wunderbar. Genau das, was ich jetzt brau-
che: Noch nicht einmal an meinem Platz, um die
Lage zu checken, werde ich schon reingezogen.
Und das bedeutet normalerweise nur eines – neue
Arbeit.

„Das heißt zuallererst einmal: Guten Morgen,"
entgegne ich ihm und versuche, meine schlechte

Laune mit einem Hauch von Ironie zu kaschieren.
Doch es hat keinen Effekt – er setzt zu einer Antwort an, wird aber von einem Kollegen unterbrochen.

„Morgen, entschuldigt, dass ich so reinplatze, aber
habt ihr das von Andi gehört?" fragt er mit ernster
Miene.

„Was sollen wir gehört haben? Ist er krank? Hat er
den Zug verpasst?" Ich denke kurz an die Besprechung, die heute ansteht. Nicht optimal, aber es
gibt Schlimmeres.

Doch der Ausdruck in den Augen meines Kollegen
macht mich stutzig. Irgendetwas stimmt nicht.
Plötzlich fühlt sich die Luft schwerer an. Mein Magen zieht sich zusammen, und ein unangenehmes
Kribbeln breitet sich in meinem Nacken aus. Was
ist los mit Andi?

Kaum betrete ich die Abteilung, höre ich schon die
Stimme meines Vorgesetzten: „Komm mal rein,
bitte." Wunderbar. Genau das, was ich jetzt brau-
che: Noch nicht einmal an meinem Platz, um die
Lage zu checken, werde ich schon reingezogen.
Und das bedeutet normalerweise nur eines – neue
Arbeit.

„Das heißt zuallererst einmal: Guten Morgen,"
entgegne ich ihm und versuche, meine schlechte
Laune mit einem Hauch von Ironie zu kaschieren.

Doch es hat keinen Effekt – er setzt zu einer Antwort an, wird aber von einem Kollegen unterbrochen.

„Morgen, entschuldigt, dass ich so reinplatze, aber habt ihr das von Andi gehört?" fragt er mit ernster Miene.

„Was sollen wir gehört haben? Ist er krank? Hat er den Zug verpasst?" Ich denke kurz an die Besprechung, die heute ansteht. Nicht optimal, aber es gibt Schlimmeres.

Doch der Ausdruck in den Augen meines Kollegen macht mich stutzig. Irgendetwas stimmt nicht. Plötzlich fühlt sich die Luft schwerer an. Mein Magen zieht sich zusammen, und ein unangenehmes Kribbeln breitet sich in meinem Nacken aus. Was ist los mit Andi?

„Andi ist tot."

Ich starre ihn an. Was? Das muss ein schlechter Witz sein. Voller Wut über diesen geschmacklosen Scherz entgegne ich: „Was ist mit dir? Du kannst doch nicht einfach hier auftauchen und so etwas sagen! Ich war gestern noch mit ihm online verabredet, aber er ist nicht gekommen. Woher willst du denn so etwas wissen?"

Der Kollege senkt den Blick. Sein Gesicht ist ernst. „Gestern, als er nach Hause gekommen ist, hat er sich auf den Sessel in der Küche gesetzt. Er hat einen Kaffee getrunken, eine Zigarette ge-

raucht, und dann…" Er stockt, bevor er weiter-
spricht. „Dann muss er entweder einen Schlagan-
fall oder einen Herzinfarkt gehabt haben. Ich weiß
es von seiner Frau."

Alles um mich herum verschwimmt. Die Gedanken, die mir in dieser einen Minute durch den
Kopf schießen, scheinen eine Ewigkeit zu dauern.
Sein Gesicht, seine Stimme, die letzte Nachricht,
die er mir geschickt hat. Seine arme Frau. Sie
wollten in einem Monat heiraten. Andi hatte mir
erst letzte Woche die Einladungskarten gezeigt,
voller Vorfreude erzählt, wo die Hochzeit stattfin-
den würde, und mir sogar stolz seinen Anzug prä-
sentiert.

Ich drehe mich abrupt um und gehe in mein Büro.
Meine Beine fühlen sich an, als würden sie mich
kaum noch tragen. Die Gedanken drehen sich nur
um Andi – um unsere gemeinsamen Aktivitäten,
die Witze, die wir uns erzählt haben, die Projekte,
die wir zusammen gestemmt haben. Ein Kollege
fragt mich, ob alles in Ordnung sei. Nein. Natürlich nicht. Wie könnte es das? Aber ich bringe kein
Wort heraus.

Ich spüre Tränen über mein Gesicht laufen, und
selbst jetzt, während ich diese Zeilen zu Papier
bringe, laufen sie immer noch. Ich lasse mich in
meinen Sessel fallen, drehe mich zum Fenster,
weg von der Arbeit, weg aus dem Gesichtsfeld
meiner Kolleg*innen, weg von allem, was mich
umgibt.

Die Minuten vergehen, doch mein Kopf bleibt ein Chaos. Alles hier fühlt sich plötzlich so sinnlos an.

Plötzlich höre ich die Stimme meines Vorgesetzten: „Leute, wir schließen die Abteilung für heute. Unter diesen Umständen ist vermutlich eh keiner in der Lage zu arbeiten."

Ein Satz von ihm, der endlich einmal Sinn ergibt. Einer nach dem anderen verlässt das Büro, und das einzige Geräusch, das bleibt, ist das Piepen des Zeitbuchungsterminals und das sanfte Schließen der Tür. Ich bleibe sitzen, unfähig aufzustehen.

Ich schließe meine Bürotür, lasse mich auf den Boden sinken und stütze den Kopf auf meine Knie. Die Gedanken an Andi lassen mich nicht los. Unsere Gespräche, unsere gemeinsamen Stunden. Aber dann taucht ein anderer Gedanke auf: „Es ist einfach zu viel für uns. Wir brauchen mehr Leute. Wir können bald nicht mehr." Das hatte Andi vor zwei Wochen in einer Abteilungsbesprechung gesagt.

Es war merkwürdig. Andi war nie der Typ, der sich über viel Arbeit beschwert hatte. Er war derjenige, der immer sagte: „Es geht nur eines nach dem anderen, also sollen sie warten. Ich werde mich sicher nicht zerreißen."

Was verdammt noch mal stimmt hier nicht?

Nach etwa 30 Minuten fühle ich mich immer noch
nicht fahrtauglich, aber ich halte es nicht länger
aus. Ich muss raus. Weg aus diesem Gebäude,
weg aus der Stadt.

Die Heimfahrt vergeht wie in Trance. Die anderen
Autofahrer nehme ich nicht wahr, kein Hupen,
kein Fluchen, nichts. Wo ich vor ein paar Tagen
noch laut geschimpft hätte, verstumme ich.

Daheim: Ich schließe die Tür hinter mir, stelle
meine Tasche ab und genehmige mir die dreifache
Dosis der Beruhigungstropfen. Dann lasse ich
mich auf die Couch fallen. Der Wunsch, einfach
einzuschlafen und nicht mehr aufzuwachen, wird
übermächtig. Vielleicht war das alles nur ein
Traum. Vielleicht wache ich morgen auf, und alles
ist wieder gut.

Mein Herz pocht wie ein Presslufthammer. In meinen Ohren höre ich die Pulsschläge wie Wellen,
die gegen einen Holzsteg schlagen. Doch irgendwie
ist mir alles egal.

*Denn wer Schmerzen spürt, weiß, dass er noch
lebt.*

Die Nacht: Ich liege wach, starre die Decke an.
Zwei Stunden Schlaf, wenn es hochkommt. Mein
Körper fühlt sich an wie eine zerbrechliche Hülle,
die den Schmerz, die Trauer und den Druck kaum
noch halten kann. War das alles nur ein Traum?
Aber die Realität holt mich jedes Mal ein. Es ist
kein Traum.

Der Morgen dämmert, und ich zwinge mich aus dem Bett. Meine Gedanken kreisen um die Arbeit. Ich kann es mir nicht leisten, noch einen Tag nichts zu schaffen. Schließlich bleibt alles liegen.

Doch Andi geht mir nicht aus dem Kopf. Seine Stimme, seine Witze, seine Art, alles mit einem Schulterzucken abzutun. Und dann dieser Satz aus der Abteilungsleitung: „Wir können uns nichts vorwerfen. Wir haben immer gesagt, wenn wer Probleme hat, soll er sich professionelle Hilfe holen."

Dieser Satz hallt bis heute in mir nach. Es macht mich wütend, dass sie sich so einfach aus der Verantwortung ziehen. Der Arbeitgeber hat verdammt noch mal eine Fürsorgepflicht gegenüber seinen Mitarbeitenden! Wie oft hatten wir schon davor gewarnt, dass wir überfordert sind? Wie oft hatte Andi selbst gesagt, dass es so nicht weitergeht?

Die Wochen ziehen ins Land, doch sie scheinen sich nur noch ineinander aufzulösen. Seit Andis Tod verschwimmen die Tage immer mehr. Neue Projekte, noch mehr Besprechungen, und Kolleg*innen, die gefühlt noch weniger tun als zuvor. Der Druck auf meinen Schultern wächst mit jedem Tag.

Es ist erdrückend, wie alles immer schwerer wird, während die Nächte von einer gleichbleibenden Routine beherrscht werden: Sodbrennen, Krämpfe in Händen und Beinen, Kopfweh, Bauchschmerzen, Durchfall, Muskelzittern, Schüttelfrost, Herzrasen.

Doch für alles gibt es Tabletten. Es wird schon gehen, denke ich mir. Schließlich geht es immer irgendwie. Oder?

Die Realität sieht anders aus: Ich bin am Limit. In den letzten Monaten bekomme ich fast jedes zweite Wochenende Migräneattacken. Normale Schmerzmittel helfen längst nicht mehr. Also besorge ich mir spezielle Migränetabletten – zwei Stück für zehn Euro. Ein teurer Trostspender, der mir wenigstens ein paar Stunden Erleichterung verschafft.

Der Preis dafür ist hoch. Die Tabletten ändern nichts an der Tatsache, dass ich so erschöpft und kraftlos bin, dass ich das gesamte Wochenende über zu nichts zu gebrauchen bin. Einladungen von Verwandten oder Freund*innen? Diese übernimmt meine Frau allein. Ich brauche jede einzelne freie Minute, um mich für den Montag halbwegs wieder arbeitsfähig zu machen.

Der letzte Tag, an dem ich mich wirklich gesund gefühlt habe – ohne Schmerzen, ohne diese alles verzehrende Erschöpfung – liegt nun über zwei Jahre zurück. Es ist kaum mehr als eine vage Erinnerung, ein Zustand, der sich heute wie ein unerreichbarer Traum anfühlt.

Ein Traum wird wahr

Durch eine bundesweite Umstellung in der Firma wurden wir – mein Kollege und ich – ausgewählt, die länderspezifischen Eigenheiten und Strukturen zu konsolidieren und an die neue zentrale Organisation anzupassen. Wir hatten uns durch zahlreiche Projekte einen Namen gemacht und waren bundesweit bekannt für unsere Expertise. Endlich konnten wir die Infrastruktur modernisieren und Technologien einsetzen, die vorher nur ein Traum gewesen waren.

Diese Konsolidierung brachte eine neue Abteilung mit sich, die Aufgaben übernahm, die bisher von externen Partnern je nach Bundesland eigenständig erledigt worden waren. Gemeinsam bekundeten wir unser Interesse an der neuen Herausforderung, legten unsere bisherigen Tätigkeiten und Projekte vor – und wurden mit offenen Armen aufgenommen.

<u>Wir hatten es geschafft.</u>

Es war der Traumjob, den wir immer angestrebt hatten. Eine Aufgabe mit echter Verantwortung, in einem Bereich, der uns begeisterte – nein, unsere Lebensaufgabe war.

Privat buchten wir sogar gemeinsam Kurse, um uns noch tiefer in aktuelle Methoden und Techniken einzuarbeiten. Für keinen Arbeitskollegen hatte ich je so viel Respekt wie für ihn. Seine Klarheit bei Problemen, seine analytischen Fähigkeiten und sein Fachwissen beeindruckten mich jeden Tag aufs Neue. Es war ein Riesenspaß, von ihm zu lernen, und wir ergänzten uns perfekt.

Auch heute, während ich diese Zeilen schreibe, möchte ich noch einmal sagen:
<u>Danke, Stefan - Danke für deine Freundschaft.</u>

Der Körper zieht Grenzen

Trotz der Begeisterung für die neue Position merkte ich schnell, dass ich längst an meine Belastungsgrenze gestoßen war, wenn nicht sogar darüber hinausgeschossen.

Durch diese Rolle saß ich praktisch in zwei Abteilungen gleichzeitig. Jede Abteilung hatte ihre eigenen Besprechungen, Anforderungen und Prioritäten. Von meiner „alten Position" konnte ich nicht abgezogen werden, weil meine Kollegen nichts taten und ich als „systemrelevant" galt. Mein Fehlen hätte unternehmenskritische Auswirkungen gehabt.

Auch Stefan ging es nicht anders. Wir beschlossen, erneut einen Termin mit unseren Vorgesetzten zu vereinbaren, um klarzustellen, dass wir am Limit waren. Mit Statistiken und Aufgabenlisten belegten wir, wie viel wir tatsächlich leisteten. Es fühlte sich an, als würden wir gehört – aber nicht verstanden. Als hätten wir gegen eine Wand gesprochen.

Drei Wochen später:
Keine Entlastung. Keine zusätzlichen Kollegen.
Nur dieselbe frustrierende Routine. Während wir uns die Beine ausrissen, gingen andere Kollegen zum elften Mal auf einen Kaffee.

Ich liebte meine neue Position. Zum ersten Mal arbeitete ich mit Kollegen zusammen, die wirklich hier sein wollten. Aber ich konnte nicht mehr. Wie sollte ich zwei Positionen mit jeweils 39 Stunden ausfüllen? Warum versuchte ich es überhaupt? Zehn Stunden am Tag – jeden Tag. Und warum wurden Kollegen, die nichts beitrugen, so vehement geschützt?

Der Bruch

Die Beruhigungstropfen waren schon wieder leer.
Mein Körper und Geist kämpften ständig gegenei-
nander. „Vielleicht doch einen Schluck Cherry in
der Arbeit nehmen? Das geht zu weit, oder?"
Nein, natürlich nicht.

Was ist aus mir geworden?
Wem interessiert's, Hauptsache die Arbeit wird
erledigt.

– RUMMS –

Ich liege auf dem Boden. Die Decke meines Wohn-
zimmers kommt mir fremd vor.
Wie bin ich hierhergekommen?

Keine Zeit faul rumzuliegen. Es gibt noch so viel zu
tun. Steh auf, du fauler Hund.

-    Doch mein Körper bewegt sich nicht.

Steh endlich auf!

-    Doch mein Körper bewegt sich nicht

Nichts. Ich bin gefangen.

Gefangen in einem Körper, der nicht mehr gehorcht.

Verdammt, was soll das?
Warum schaut mich Andi so Vorwurfsvoll an?
Andi ist tot, seit zwei Jahren schon!

Bin ich verrückt geworden?

Vielleicht bleibe ich einfach noch ein wenig liegen...
nur noch ein kleines bisschen...

Und dann, endlich, ist es ruhig.

———————————————————

Rückblick - Der Wendepunkt, als alles zu viel wurde

Es gab viele Anzeichen, die ich ignoriert hatte, aber der Wendepunkt begann, als mich meine Frau eines Abends fragte: „Wirst du jetzt zum Alkoholiker?" Dieser Satz traf mich – und doch versuchte ich, ihn zu verharmlosen. *„Schließlich trinken andere auch eine Flasche Wein am Tag, oder?"* Gleichzeitig eskalierte mein Verhalten immer weiter. Jeder kleine Vorfall brachte mich zur Weißglut.

Nichts und niemand konnte mich zufriedenstellen, denn es war nie perfekt genug für mich. Jede Kleinigkeit schien mich zu stören, und meine Stimmung wurde mit jedem Tag angespannter. Es war, als hätte ich einen immer kürzeren Geduldsfaden, der bei der kleinsten Berührung riss. Meine Antworten wurden schärfer, meine Bemerkungen ruppiger.

Selbst gegenüber meiner Familie, die doch immer für mich da war, rutschte ich in einen Ton ab, der eher an das Militär erinnerte als an ein harmonisches Miteinander unter Verwandten oder Freund*innen. Jedes Gespräch fühlte sich an wie ein Kampf, jedes Wort wie ein Befehl.

Es tat mir Leid – wirklich. Aber in dem Moment, in dem die Worte meinen Mund verließen, war es, als hätte ich keine Kontrolle mehr über mich selbst.

Die körperlichen Symptome wurden schlimmer,
aber ich blendete sie aus. Migräne, die sich über
das gesamte Wochenende zog, begleitet von Erbrechen, nahm ich einfach hin. Schlafprobleme, die
mich auf maximal zwei Stunden pro Nacht be-
grenzten, kaschierte ich mit Schlafmittel und Al-
kohol.

Muskelzucken und Krämpfe, die eine gesamte
Körperseite betrafen, schob ich auf Magnesium-
und Vitaminmangel.

Herzflattern, vereinzelte Aussetzer und immer
wieder auftretende Schwindelanfälle erklärte ich
mir selbst als harmlose Folge einer Extrasystole.
Es war für mich ein akzeptabler Preis für den
Stress, den ich täglich erlebte – dachte ich zumindest.

Die Wahrheit war jedoch weitaus bitterer: Ich
nahm Tabletten, um die Nebenwirkungen der anderen Tabletten zu bekämpfen. Es war, als hätte
ich die Pest durch die Cholera ersetzt. Ein Teu-
felskreis, aus dem ich scheinbar keinen Ausweg
fand.

Für mich zählte nur eins: *Funktionieren.* Selbst in
meiner Freizeit drehte sich alles um To-Do-Listen,
die ich im Kopf immer weiter ergänzte, Lösungen
die ich erarbeitete und Protokolle die ich als
Abendlektüre las.

Damals versuchte ich alle körperliche Warnung zu relativieren, obwohl sie in mir nachhallten. Ich funktionierte weiter, aber ich merkte immer mehr, dass ich auseinanderfiel.

Und eines sage ich ganz offen und ehrlich: In diesem Zustand sieht man nur noch das „Funktionieren". Alles andere wird ausgeblendet – die Welt um einen herum, die Warnsignale, die der eigene Körper sendet, sogar die Menschen, die einem wichtig sind. Es zählt nur noch das Ziel, und der Weg dahin ist vollkommen egal.

Vermutlich hätte selbst ein Psychotherapeut in diesem Moment keinen Zugang zu mir gefunden, selbst wenn ich es zugelassen hätte. Denn in meinem Kopf war kein Platz mehr für Einsicht oder Veränderung. Alles drehte sich nur noch um das Durchhalten, um das Ausharren bis zum nächsten Ziel – koste es, was es wolle.

Die Auswirkungen spürte ich immer deutlicher. Mein Nervenkostüm war aufgebraucht, und alles, was nicht nach meinem Plan lief, ließ mich zornig werden. Menschen waren für mich nur noch Probleme, die ich lösen musste. Schon der bloße An-

blick von jemandem, der auf mich zukam, löste
Genervtheit aus – denn ich wusste: *„Sie werden
mir nur ein weiteres Problem bringen.“*

In meiner Freizeit ging es längst nicht mehr um
Erholung im eigentlichen Sinn, sondern nur noch
um Regeneration, damit ich den nächsten Tag
überstehen konnte. Ich isolierte mich immer
mehr. Gespräche mit anderen wurden für mich
zur Belastung. Oberflächliche Floskeln und be-
langlose Themen fühlten sich an, als würden sie
mir wertvolle Zeit stehlen.

Der Versuch, die Kontrolle zu behalten

Meine Art, etwas zu ändern, bestand nicht darin,
weniger zu arbeiten oder Hilfe zu suchen. Stattdessen versuchte ich, mehr Zeit freizumachen, um
noch produktiver zu sein. Ich wollte immer mehr
schaffen, alles schneller erledigen. Wo andere Tage
für eine Aufgabe benötigten, schaffte ich sie im
Vorbeigehen – oft zwischen zwei Videokonferenzen
oder sogar während der Konferenz selbst. Für
mich war die Zufriedenheit meines Umfelds wichtiger als alles andere – auch wichtiger als meine
eigene Gesundheit.

Die Tage, an denen ich mit Fieber zur Arbeit ging,
häuften sich. Als „Macher“ redet man nicht über
Probleme. Man sucht keine Hilfe. Man setzt um.
Doch irgendwann ging selbst das nicht mehr.

Eines wurde mir später klar: Menschen mit Burnout und Depressionen sind wahre Meister darin, ihren Zustand zu verstecken – und zwar nicht nur vor anderen, sondern auch vor sich selbst.

Wir setzen uns eine Maske auf, die Glück und Zufriedenheit ausstrahlt, nur damit niemand – weder unser Umfeld noch wir selbst – die Zerrissenheit in uns bemerkt. Diese Maske wird unser Schutzschild, unser Bollwerk gegen die Realität.

„Wenn du Probleme hast, rede mit uns darüber." Dieser Satz wird fast immer mit einem schnellen „Passt schon, alles okay" abgetan. Denn die Wahrheit ist: Wir wollen nicht darüber reden. Wenn wir es gewollt hätten, hätten wir es längst getan. Der Satz an sich wird schon zu einer Belastung, weil er so oft gesagt wird, dass er jegliche Bedeutung verliert.

Und selbst wenn wir uns öffnen, wird das Gesagte oft mit einem Lächeln und Worten wie „Ach, das ist doch halb so wild" abgetan. Es ist entmutigend. Und dann gibt es noch diese Klassiker: „Stell dich nicht so an" oder „Nimm dir doch mal einen Tag frei." Solche Ratschläge machen es nur schlimmer. Denn sie signalisieren uns, dass wir nicht ernst genommen werden, dass unser innerer Kampf nicht real genug erscheint.

Heute, mit etwas Abstand, verstehe ich diese Reaktionen besser. Vermutlich hätte ich damals selbst so reagiert. Es ist schwer, etwas zu begreifen, das man selbst nie erlebt hat.

Aber eines bleibt unverändert: KEINER, der sich nicht selbst in einem Burnout oder einer Depression befand, kann wirklich nachvollziehen, was innerlich mit einem passiert. Es sind Erfahrungen, die man niemandem wünscht, und die einen doch unausweichlich prägen.

Ich hätte diese Lektionen gerne auf einem sanfteren Weg gelernt – oder besser noch, gar nicht. Aber das Leben gibt einem selten die Wahl. Manche lernen es auf die harte Tour, manche auf die sanfte – und manche leider nie.

Im Rausch der Geschwindigkeit von 100 auf 0

Ich erinnere mich noch gut daran, wie beeindruckt ich von meiner eigenen Leistung war. Es war fast magisch, wie mein Kopf automatisch Zusammenhänge und Lösungen für Probleme skizzierte. Während mir jemand ein Problem oder eine Projektidee vortrug, baute sich in meinem Kopf wie von selbst ein detailliertes Bild auf – mit allen möglichen Wegen, Hürden und der effektivsten Lösung. Es geschah so schnell, dass ich nicht einmal aktiv darüber nachdenken musste. Es war, als würde ich das Bild einfach ablesen.

Doch es blieb nicht bei einem Lösungsweg. Plötzlich waren es drei oder fünf, die sich gleichzeitig vor mir auftaten. Jeder von ihnen schien machbar,

jeder führte auf seine Weise zur Lösung. Mein
Kopf arbeitete mit einer Geschwindigkeit, die mich
selbst erstaunte – als wäre ich nur ein Zuschauer,
der einem perfekten Mechanismus bei der Arbeit
zusieht.

Dieses Gefühl war berauschend. Ich fühlte mich
unaufhaltsam. Der Drang, das Tempo noch weiter
anzuziehen, wuchs mit jedem Tag. Doch hinter
diesem Geschwindigkeitsrausch verbarg sich eine
düstere Realität: Ich hatte längst nicht mehr nur
meine eigene Arbeit übernommen, sondern die von
mindestens zwei weiteren Kolleg*innen. Und dennoch versuchte ich, all diese Aufgaben in meiner
regulären Arbeitszeit zu erledigen.

Führungskräfte bemerkten meine Überlastung
nicht – oder wollten sie vielleicht gar nicht bemer-
ken. Für sie zählte nur die erledigte Arbeit, nicht
der Zustand der Person dahinter. Besonders im
Gedächtnis geblieben ist mir der Satz eines Vorgesetzten: „Ich will, dass du an deinen Aufgaben
wächst, nicht zerbrichst." Meine Antwort darauf
war zynisch: „Merk dir diesen Satz gut – wir sind
nämlich genau beim Zerbrechen angekommen."

Dann gab es noch die sogenannte „Weisheit", die
man mir ungefragt mit auf den Weg gab: „Wenn
du mit deiner Arbeit nicht fertig wirst, musst du
entweder mehr Überstunden machen oder schnel-

ler arbeiten." Dieser Satz war später der absolute
Lacher bei meiner Reha. Wir haben darüber ge-
scherzt, wie sehr er die Realität verfehlt. Doch
damals war mir nicht zum Lachen.

Damals fühlte ich mich von den Führungskräften
komplett im Stich gelassen. Gespräche, in denen
ich meine Überlastung schilderte, versandeten
ohne Konsequenzen. Maßnahmen? Fehlanzeige.
Stattdessen wurden Erwartungen weiter hochge-
schraubt, während meine Realität ignoriert wurde.
Es fühlte sich an, als kämpfte ich allein gegen ein
System, das ineffizient, unfair und blind gegenüber den Bedürfnissen seiner Menschen war.

Und eines Tages passierte genau das: Mein Körper
gab einfach auf. Ohne Vorwarnung. Ich lag plötzlich auf dem Boden – und konnte mich nicht mehr
bewegen. Mein Kopf tobte: „Steh auf, du fauler
Hund! Du hast noch so viel vorzubereiten!" Aber
mein Körper reagierte nicht.

Es war, als wäre ich von mir selbst getrennt. Mein
Körper schien in den unendlichen Weiten des
Weltraums zu schweben, nur sich selbst überlas-
sen. Und ich? Ich war der Beobachter, der durch
ein Teleskop auf dieses ferne, reglose Abbild von
mir selbst starrte. Alles fühlte sich so unwirklich,
so unendlich weit weg an.

Der erste Arztbesuch

Unfreiwillig betrat ich die Praxis meiner Ärztin. Es war kein eigener Entschluss – meine Frau hatte mich regelrecht getrieben, diesen Schritt zu gehen. Ich fühlte mich wie ein Kind, das widerwillig zum Zahnarzt geschleppt wird. Doch rückblickend betrachtet war genau das der erste und wichtigste Schritt zur Hilfe. Ohne diesen Schubs hätte ich wohl noch Wochen, vielleicht Monate weitergemacht, bis mein Körper mich endgültig im Stich gelassen hätte.

Meine Ärztin hatte eigentlich keine Termine mehr frei. Doch als ich an der Rezeption gefragt wurde, ob es wichtig sei, wurde mir selbst erst klar, wie tief ich gesunken war. Mit zittriger Stimme stammelte ich: „Was ist schon wichtig?" Dieser Satz fühlte sich seltsam an, fast absurd – und doch spiegelte er meine innere Leere und den völligen Kontrollverlust wider.

Zum Glück bekam ich noch am selben Tag einen Termin. Im Wartezimmer fühlte sich alles eng und erdrückend an. Jeder Laut war eine Qual, jede Bewegung der anderen Patient*innen unerträglich. Mein Körper zitterte unaufhörlich, ich schwankte zwischen Hitzewellen und Schüttelfrost, und die Übelkeit schnürte mir die Kehle zu. Als mein Name endlich aufgerufen wurde, stand ich auf wie ein Roboter, der mechanisch seiner Programmierung folgt.

Mein Plan war simpel: die Symptome schildern, vielleicht ein Medikament für die Nerven bekommen und dann zwei Wochen Krankenstand, um wieder aufzuladen. Alles sollte schnell gehen. Ich wollte keine Aufmerksamkeit, keine Diskussionen – nur funktionieren.

Doch Pläne sind da, um durchkreuzt zu werden. Kaum hatte meine Ärztin gefragt, was los sei, brach ich in Tränen aus. Es war, als hätte mein Körper beschlossen, die Kontrolle zu übernehmen, nachdem ich sie so lange ignoriert hatte. Die Worte, die ich sagen wollte, blieben in meinem Hals stecken, und stattdessen kam nur ein unkontrolliertes Schluchzen. Mein Körper hatte endgültig kapituliert.

Die Diagnose war klar: Burnout.

Meine Ärztin verschrieb mir Antidepressiva, riet mir zu Dingen, die mir Freude bereiteten – ein Konzept, das mir zu diesem Zeitpunkt völlig fremd war – und empfahl mir einen Termin bei einem Psychiater. Außerdem schlug sie eine Reha vor – ich war endlich bereit alles zu tun, um aus diesem Zustand raus zu kommen.

„In Ihrem Zustand sollten Sie eigentlich gar nicht Autofahren."

Es war der Moment, in dem mir das ganze Ausmaß meines Zustands bewusst wurde.

Die ersten Schritte nach der Diagnose

Die ersten Schritte nach der Diagnose waren alles andere als das, was man sich vorstellt, wenn man „mal daheim ist". Mein Kopf war immer noch gefangen in den Aufgabenlisten, Projekten und Besprechungen. Zwei Wochen lang kreisten meine Gedanken unaufhörlich um die Arbeit, als ob mein Gehirn nicht begreifen konnte, dass ich nicht mehr funktionieren musste.

Dann kamen die Termine: Psychiater, Psychotherapeuten, Hausärztin, EKG, Blutabnahme, Befundbesprechungen, psychologischer Belastungstest – die Liste schien endlos. Und selbst die einfachsten organisatorischen Schritte fühlten sich wie unüberwindbare Hindernisse an.

Mit nur zwei Terminen in einer Woche war ich bereits überfordert. Doch das eigentliche Problem begann schon früher: Telefonisch Termine auszumachen, war eine Qual. Allein der Gedanke daran löste Stressreaktionen in mir aus. Ich saß da, mit dem Telefon in der Hand, und starrte es an. Zwei Tage brauchte ich manchmal, um den Mut aufzubringen, tatsächlich anzurufen.

Erweiterung der Diagnose beim ersten Psychiater Besuch:
Burnout und Mittelschwere Depression

Die neuen Tabletten halfen zumindest dabei, dass ich länger als drei Stunden schlafen konnte. Aber

das hieß nicht, dass meine Gedanken zur Ruhe
kamen. Selbst im Schlaf schien die Arbeit allge-
genwärtig. Albträume, in denen E-Mails oder un-
gelöste Tickets die Hauptrolle spielten, begleiteten
mich fast jede Nacht.

Der erste Monat war geprägt von einer körperlichen Müdigkeit, die ich nie zuvor erlebt hatte.
Mein Körper war so erschöpft, dass ich die meiste
Zeit auf der Couch verbrachte. Jede Bewegung
verlangte enorme Anstrengung. Für einen einzigen
Schritt brauchte ich oft mehrere Sekunden – es
fühlte sich an, als wäre mein Körper in Zeitlupe.

Trotzdem zwang ich mich jeden Morgen, spazieren
zu gehen. Eingehüllt in eine Jacke, die Kapuze tief
ins Gesicht gezogen, Kopfhörer auf den Ohren mit
Meditationsmusik, machte ich mich auf den Weg.
Der kleine Rundgang, den ich früher in zehn Minuten erledigte, dauerte nun 45 Minuten. Schneller ging es einfach nicht. Ich wollte keinen Menschen sehen oder hören, einfach nur in der Natur
allein sein.

Selbst heute, Jahre später, hat sich meine Geschwindigkeit nicht normalisiert. Joggen oder Laufen sind für mich unerträglich. Mein Körper hat
ein neues Tempo gefunden, das mir angemessen
erscheint, und alles darüber hinaus fühlt sich
falsch an.

Autofahren? Das kam in den ersten drei Monaten überhaupt nicht infrage. Ich hatte weder die Konzentration noch die Fähigkeit, schnelle Bewegungen zu verarbeiten. Auch mein Telefon blieb konsequent ausgeschaltet. Es war einfach zu viel. Die Firma rief immer wieder an – allein das Wissen, dass jemand angerufen hatte, versetzte mich in einen Zustand völliger Überforderung. Ein einziger verpasster Anruf konnte dafür sorgen, dass ich den ganzen Tag brauchte, um mich zu beruhigen.

Es dauerte Monate, bis ich endlich an dem Punkt war, an dem ich mich wirklich fallen lassen konnte. Ganze vier Monate vergingen, und das trotz der Unterstützung von Ärzt*innen und Therapeut*innen. Es war ein langer Weg, auf dem ich lernen musste, meinem Körper und meinem Geist Zeit zu geben.

Gerade am Anfang gibt es eine Lektion, die wichtiger ist als alles andere: Gebt euch die Zeit, die ihr braucht. Versucht nichts zu erzwingen. Heilung ist kein Sprint, sondern ein langsamer, oft mühsamer Prozess. Es ist okay, wenn nicht alles sofort gelingt. Es ist okay, wenn die Schritte klein sind. Wichtig ist nur, dass ihr sie geht – in eurem eigenen Tempo.

Kapitel 3: Die Reha – Ein Weg zur Heilung, wenn man bereit ist

Die Reha ist kein Wundermittel, kein Reset-Knopf, der plötzlich alles wieder in Ordnung bringt. Jede Einrichtung verfolgt ihr eigenes Konzept, und nicht jede passt zu jedem Menschen. Eine Reha kann nur dann helfen, wenn ihr bereit seid, an euch selbst zu arbeiten. Es ist keine Auszeit im herkömmlichen Sinne – es ist eine aktive Phase der Heilung, die verlangt, sich mit den eigenen Problemen auseinanderzusetzen.

Das allein erfordert schon eine Menge Mut: Mut, sich selbst wahrzunehmen, Mut, ehrlich hinzusehen, und vor allem Mut, sich einzugestehen, dass ihr selbst eine entscheidende Rolle spielt. Natürlich gibt es äußere Einflüsse, die nicht in eurer Kontrolle liegen – das Umfeld, die Arbeitsbedingungen, Lebensumstände. Aber letztendlich seid ihr es, die Verantwortung für euch selbst übernehmen müssen. Niemand kann euch diesen Weg abnehmen, so schwer er auch sein mag.

Die ersten Schritte – Orientierung und Freiheit

Die erste Woche in der Reha war eine Mischung aus Überforderung und neuen Chancen. Was wird mich hier erwarten? Welche Leute sind hier? Ist das Essen gut? All diese Fragen schwirrten mir durch den Kopf. Aber am Ende war mir das alles egal – ich wollte einfach nur, dass mir jemand hilft, aus meinem Zustand herauszukommen.

Gleich am ersten Tag hatte ich ein prägendes Erlebnis: Trotz der großen Räume bekam ich plötzlich Platzangst. Es fühlte sich erdrückend an. Ich konnte nicht atmen und musste an die frische Luft. Eine Therapeut*in sagte zu mir: *„Alles ist ein Kann, nichts ist ein Muss."* Dieser Satz ist nicht nur eine Offenbarung, sondern auch ein Lebensinhalt! Zum ersten Mal hatte ich die Freiheit, Dinge abzulehnen, wenn sie sich nicht richtig anfühlten.

Die erste Gruppentherapie – eine Vorstellungsrunde, wie sie in vielen Bereichen des Lebens üblich ist. Doch hier war es anders. Was ich in dieser Runde an Geschichten und Leidenswegen gehört habe, war unfassbar. Menschen, die ich noch nie zuvor getroffen hatte, vertrauten mir, einem Fremden, ihre tiefsten und schmerzhaftesten Erfahrungen an. Es war überwältigend und bewegend zugleich. Zum ersten Mal hatte ich das Gefühl, wirklich verstanden zu werden – nicht durch Worte allein, sondern durch den Raum, den diese Gruppe schuf.

Als ich an der Reihe war, wollte ich mich kurz halten. Schließlich – so dachte ich – ging es mir im Vergleich zu den anderen eigentlich gut. Doch mein Körper hatte eine andere Meinung. Noch bevor ich richtig begonnen hatte, brach ich in Tränen aus. Unter Schluchzen berichtete ich, warum ich hier war, versicherte aber gleichzeitig, dass es mir doch eigentlich gar nicht so schlecht ging. Eine offensichtliche Selbstverleugnung, die mir erst später bewusst wurde. Was für ein toller Start – der Neue den es gut geht.

Doch die Gruppe wusste es besser als ich. Ohne zu zögern reichte man mir Taschentücher, eine Hand legte sich tröstend auf meine Schulter. Eine Stimme sagte: „Hier bist du sicher, und wir verstehen dich. Wir sind alle für dich da."

Dieser Moment – diese Worte, diese Geste – lösten etwas in mir aus. Zum ersten Mal fühlte ich, dass ich nicht allein war. Hier musste ich nichts beweisen, keine Maske tragen. Hier durfte ich einfach ich selbst sein, mit allem, was dazugehörte.

Der erste Tag – eine Flut von Eindrücken, die mich geistig völlig forderten. Schon die Geschichten der anderen Teilnehmer*innen hatten eine unglaubliche Wucht. Ihre Worte, ihre Schicksale, ihre Erfahrungen – sie berührten mich tief. Gleichzeitig merkte ich, wie schwer es war, all das auf einmal zu verarbeiten.

Als die Nacht kam, fühlte ich mich traurig, fast überwältigt. Die Fragen ließen mich nicht los: Wie konnte es nur so weit kommen? Warum brauchen so viele Menschen psychische Hilfe? Was läuft falsch in unserer heutigen Zeit?

Es war, als ob ein Spiegel vor mir aufgestellt worden wäre, der nicht nur meine eigene Situation, sondern die kollektive Belastung einer ganzen Gesellschaft reflektierte. Ein Gefühl von Trauer mischte sich mit einer leisen Resignation. Doch gleichzeitig spürte ich auch einen Funken Hoffnung: Vielleicht konnte dieser Ort, diese Menschen, ein Teil der Antwort sein. Vielleicht war es möglich, hier nicht nur die eigenen Wunden zu sehen, sondern auch Wege zu finden, sie zu heilen.

In der ersten Woche wird man unweigerlich mit einer harten Realität konfrontiert. Gleich zu Beginn gab es eine klare Botschaft:

- Hier seid ihr in einem sicheren Bereich, aber draußen hat sich nichts geändert.
- Draußen werdet ihr mehr als zuvor auf Unverständnis und Maskeraden stoßen.
- Leben heißt Veränderung – das gilt auch hier. Teilnehmer*innen werden kommen und gehen, haltet euch nicht zu sehr an einzelne Personen fest, denn irgendwann sind sie weg.

Harte, aber wahre Worte. Sie trafen mich, und sie trafen uns alle. Doch genau das ist ein Teil des Konzepts einer Reha: Ehrlichkeit. Keine beschönigenden Floskeln, kein Herumreden, keine Maskerade. Es ging darum, sich der Realität zu stellen, so schmerzhaft sie auch sein mochte.

Diese klaren Worte öffneten den Raum für etwas, das ich schon lange nicht mehr gespürt hatte:

Authentizität. Die Welt da draußen mag noch so verkompliziert sein, doch hier war alles unverblümt und direkt. Ein Raum, in dem man lernen konnte, den wahren Herausforderungen ins Auge zu sehen – und an ihnen zu wachsen.

Nichts desto trotz traf ich hier wunderbare Menschen, die mein Leben nachhaltig bereichert haben. Einige von ihnen sind auch heute noch meine Freunde, und unsere Verbindung ist tief und ehrlich. Es war nicht nur die gemeinsame Erfahrung, die uns zusammengeschweißt hat, sondern auch das gegenseitige Verständnis – ein Band, das in einer solchen Zeit besonders stark geknüpft wird.

Dank ihnen war die Reha-Zeit nicht nur wichtig, sondern auch wertvoll. Sie haben mir gezeigt, dass ich nicht allein bin, dass es Menschen gibt, die mich verstehen, ohne dass ich mich erklären muss. Wir bestärken uns auch heute noch gegenseitig, tauschen uns aus und erinnern uns daran, dass es immer einen Weg nach vorne gibt. Diese Beziehungen sind ein Geschenk, das aus einer schwierigen Zeit hervorgegangen ist – und das ich niemals missen möchte.

Der Alltag – Strukturen und Herausforderungen

Ab der zweiten Woche entwickelte sich langsam eine Art Alltag: Frühstücken mit neuen Bekannten, sich auf die Einheiten vorbereiten, gemeinsames Mittagessen und anschließend weitere Sitzungen. Es war eine Routine, die Struktur gab, aber das Tempo zog merklich an. Die Reha ist kein Urlaub, sondern Rehabilitation – ein Prozess, der aktives Mitwirken erfordert. Ohne die Bereitschaft, sich auf die Übungen und Gespräche einzulassen, bleibt selbst die beste Reha wirkungslos.

Für mich persönlich war die Reha härter als ein typischer Arbeitstag mit Überstunden. Die Intensität der Einheiten und der emotionale Tiefgang forderten mich oft bis an meine Grenzen. Doch genau das war notwendig. Die Reha nahm mich an die Hand und zeigte mir mögliche Wege, doch welchen ich letztendlich gehen wollte, das musste ich selbst entscheiden. Es war meine Verantwortung, das Beste aus dieser Zeit zu machen.

Manche Übungen empfand ich zunächst als sinnlose – reine Zeitverschwendung, dachte ich. Doch es gab auch Momente, in denen ich völlig aufging und Neues über mich selbst lernte. Ein Beispiel, das mich völlig überraschte, war die Acryl-Schüttmalerei. Als perfektionistischer Mensch konnte ich mir anfangs nicht vorstellen, Freude an etwas zu finden, das so chaotisch und unkontrollierbar ist. Doch genau dieses Chaos war es, das mir half. Es war ein Gegenpol zu meinem ständigen Kontrollwahn, den ich als einen der Kernprobleme meines Burnouts erkannte. Lass das Chaos

zu – dieser Gedanke wurde zu einer Art Mantra
während der Reha.

Was ich hier wirklich gelernt habe: Alles auszuprobieren, was angeboten wird, ohne vorab zu
urteilen. Nicht aus Pflichtgefühl, sondern aus einer inneren Neugier heraus. Wenn eine Übung
nicht zu mir passte, konnte ich das offen sagen,
und es wurde eine Alternative gefunden. Diese
Flexibilität war entscheidend. Es ging nicht darum, ein festes Programm zu absolvieren, sondern
darum, für sich selbst herauszufinden, was funktioniert und was nicht.

Die Reha war eine Schule der Erkenntnis, und
jede Einheit – egal wie anstrengend – war eine
Lektion für das, was wirklich zählt: mich selbst.

Wichtige Erkenntnisse und Lichtblicke

Die Reha war voller Erkenntnisse und kleiner
Lichtblicke. Viele der Übungen, die ich dort gelernt
habe, mache ich bis heute regelmäßig – manche
sogar täglich. Doch der größte Fortschritt kam in
der vierten Woche. Es war der Moment, in dem ich
das Konzept der Reha wirklich verstand: wie ich
meinen Stresslevel senken, mit unliebsamen Situationen umgehen und die Auslöser bestimmter
Gedanken und Gefühle erkennen kann.

Möglich wurde dies durch die Achtsamkeit, die
man lernt: Wie hoch ist mein Stresslevel, wie

komme ich wieder hinunter, woran erkenne ich das mein Level steigt?

Achtsamkeit: Im hier und jetzt zu sein, ohne zu bewerten (aber wahrzunehmen).

In dieser Woche wusste ich plötzlich mit einer Klarheit, die ich lange nicht mehr gespürt hatte, was ich wirklich wollte – und vor allem, was ich nicht mehr in meinem Leben dulden konnte. Es war, als ob ein innerer Schalter umgelegt wurde. Diese Einsicht war nicht nur befreiend, sondern auch erschütternd, denn sie zeigte mir, wie viel in meinem bisherigen Leben nicht stimmte. Es wurde mir klar: Wenn sich nichts ändert, werde ich immer wieder an diesem Punkt landen – Burnout und/oder Depression.

Viele Menschen glauben, dass eine Reha wie eine Autowerkstatt funktioniert: Man geht als „defektes" Fahrzeug hinein und kommt vollständig repariert wieder heraus. Doch das ist eine Illusion. Eine Reha ist kein Wunderheilmittel, sondern der Beginn eines Prozesses, der Disziplin, Geduld und einen unerschütterlichen Willen erfordert. Sie bietet Werkzeuge, Perspektiven und Stützen, aber der tägliche Kampf gegen alte Muster und eingefahrene Gewohnheiten liegt allein bei einem selbst.

Das Leben nach der Reha ist kein Selbstläufer. Es ist eine tägliche Herausforderung, alte Verhal-

tensweisen bewusst zu hinterfragen und neue
Wege zu gehen. Es bedeutet, die Verantwortung
für sich selbst zu übernehmen und aktiv dafür zu
sorgen, dass man nicht wieder in die gleichen Fallen tritt. Nur durch konsequente Veränderungen
und Selbstreflexion ist es möglich, aus dem Kreislauf auszubrechen und ein neues, erfülltes Leben
zu führen.

Um den Kampf gegen das alte Ich zu gewinnen,
kann die Lösung so vielfältig sein wie die Menschen selbst. Für manche bedeutet es, wortwörtlich einen neuen Ort zu finden – ein Umzug in eine
andere Stadt oder ein anderes Land, um Abstand
von alten Mustern zu gewinnen. Andere merken,
dass sie sich erst dann wirklich entfalten können,
wenn sie den Schritt wagen, von zu Hause oder
von den Eltern wegzuziehen, um ihren eigenen
Raum zu schaffen.

Es gibt Fälle, in denen die berufliche Veränderung
der Schlüssel ist: Die Kündigung eines Jobs, der
nur noch aus Druck und Belastung besteht, oder
die Entscheidung, einen völlig neuen Karriereweg
einzuschlagen. Für manche kann auch der Verkauf des Hauses, das sie sich mit erdrückenden
Schulden erkauft haben, der Beginn von Freiheit
sein – ein schwerer, aber befreiender Schritt.

Manchmal geht es nicht um Orte oder Besitz, sondern um Menschen. Die Trennung von einem
Partner oder einer Partnerin, die einem mehr
Energie raubt, als sie gibt, oder das Loslassen von

erwachsenen Kindern, um ihnen ihre eigene Freiheit zu gewähren und gleichzeitig den eigenen Raum zurückzuerobern. Diese Entscheidungen sind nie einfach, aber sie können notwendig sein, um endlich wieder durchatmen zu können.

Es ist keine Einheitslösung, kein universelles Rezept. Es geht darum, ehrlich zu sich selbst zu sein, den Mut zu finden, das loszulassen, was nicht mehr gut für einen ist, und die Kraft zu entwickeln, den eigenen Weg neu zu definieren. Veränderungen sind oft beängstigend, aber sie sind auch der erste Schritt zu einem Leben, das sich wieder leicht anfühlt. Ein Leben, das mehr gibt, als es nimmt.

Nach der Reha ist vor der Reha

Langfristige Veränderungen im Alltag bleiben leider nicht aus, um auch in der Zukunft ein halbwegs normales Leben zu führen. Das ist vergleichbar mit dem Abnehmen: Man kann es nicht erzwingen, und man muss sich Zeit dafür geben. Wer seine Gewohnheiten nur für kurze Zeit ändert, wird wieder rückfällig – und danach wird es umso schwerer, wieder herauszukommen.

Die sechs Wochen Reha waren wohl die anstrengendste Zeit meines Lebens. Im Vergleich dazu fühlten sich Weiterbildungen oder berufliche Zertifizierungen wie ein Spaziergang an. Doch wer glaubt, dass man nach der Reha einfach nahtlos ins Berufsleben oder den Alltag zurückkehren kann, irrt sich gewaltig.

Die eigentliche Arbeit beginnt erst danach, außerhalb der geschützten Umgebung. Während für alle anderen das Leben unverändert weitergeht, hat sich für dich alles verändert. Jetzt steht die größte Herausforderung an: das Gelernte konsequent umzusetzen, Tag für Tag zu üben und dabei ehrlich zu sich selbst zu bleiben. Klingt einfach? Ist es nicht.

Aufgaben, die du früher stillschweigend übernommen hast, nur um keinen Streit zu provozieren oder Konflikte zu vermeiden, beantwortest du vielleicht jetzt mit einem klaren: „Nein, das kann ich nicht leisten" oder „Das ist für mich nicht mehr wichtig." Das fühlt sich anfangs fremd, fast falsch an, weil du gegen alte Muster ankämpfst. Doch es ist ein notwendiger Schritt. Viele Menschen in deinem Umfeld werden dein neues Ich nicht verstehen. Manche werden irritiert sein, andere möglicherweise verletzt oder sogar verärgert. Doch das ist Teil des Prozesses – Deines Prozesses!

Wenn ihr direkt in den Arbeitsalltag zurückkehren möchtet, empfehle ich euch dringend, die Möglichkeit einer Wiedereingliederung oder einer Teilzeitrückkehr zu nutzen. Reduziert eure Stunden – macht auf jeden Fall weniger als vorher (mind. 30-50%). Diese zusätzliche Zeit ist keine Schwäche, sondern eine Chance, um Überforderung zu ver-

meiden und den eigenen Fortschritt zu stabilisie-
ren. Verringert Ihr die Zeit zu wenig, versucht ihr
nur, die gleiche Arbeit in noch weniger Zeit zu
erledigen.

Wenn ihr das Reha-Programm wirklich verinner-
licht habt, dann werdet ihr merken, dass sich euer
Denken verändert. Ihr werdet alte Floskeln, Glaubenssätze und Denkmuster hinterfragen. Sätze,
die früher selbstverständlich wirkten, werden
plötzlich absurd klingen. Ihr werdet anfangen, die
Dinge, die ihr hört, seht oder selbst sagt, bewusster zu prüfen und neu zu bewerten.

Jeder einzelne Tag wird eine Herausforderung. Es
gibt immer Veränderungen – in euch selbst, in
euren Gedanken, Gefühlen, Wünschen und Zielen.
Und genau das kann überfordernd sein, besonders
wenn diese Veränderungen wie eine emotionale
Flutwelle auf euch zurollen.

Darum ist es so wichtig, Strategien zu entwickeln.
Überlegt euch im Voraus, welche Hilfsmittel ihr in
schwierigen Momenten einsetzen könnt. Ob es
Techniken aus der Achtsamkeitspraxis, Gespräche
mit vertrauten Personen oder kleine Rituale im
Alltag sind – bereitet euch vor. Denn auch wenn
der Weg hart ist, er ist machbar. Und er lohnt
sich.

Kapitel 4: Reflexion – Der Schlüssel zum Erfolg

Warum scheitern so viele Menschen trotz Reha? Ganz einfach: Sie sind nicht bereit, sich ehrlich zu reflektieren. Viele erwarten, dass andere ihre Probleme für sie lösen – doch das wird niemals geschehen. Der wichtigste Schritt ist, sich mit sich selbst auseinanderzusetzen und ehrlich zu hinterfragen: _Warum bin ich in diese Situation geraten?_

Wenn ihr ehrlich seid, werdet ihr feststellen, dass viele Probleme deshalb bestehen bleiben, weil es einfacher ist, sie nicht zu verändern. Niemand verlässt gerne seine Komfortzone – selbst dann, wenn sie Unzufriedenheit und Selbstschaden bedeutet.

Das "Gehört sich so"-Syndrom

Was tun wir nicht alles, nur weil es „Tradition" ist oder wir uns fragen: _„Was sollen die Leute denken?"_ Alte Glaubenssätze und Verhaltensmuster begleiten uns oft schon seit der Kindheit, und sie zu durchbrechen, ist schwer. Diese Muster verschwinden nicht über Nacht, aber sie zu erkennen, ist der erste Schritt.

Bekannte Ratschläge, die oft wenig helfen:

- „Hör einfach nicht hin."
- „Lass es beim einen Ohr rein und beim anderen raus."
- „Sag einfach mal NEIN."
- „Entspann dich mal."

Diese Sätze klingen so einfach, fast harmlos – doch sie haben oft einen langen Widerhaken. Erst nach der Reha habe ich verstanden, was hinter diesen Floskeln steckt: Es braucht Zeit, Mut und Übung, um solche Ratschläge tatsächlich umzusetzen.

Beispiele für prägende Sprüche:

- „Ein Indianer kennt keinen Schmerz."
- „Bist du ein Mann oder eine Maus?"

Solche Redewendungen hören viele Jungen bereits in ihrer Kindheit. Die Botschaft dahinter ist eindeutig: *„Als Mann darfst du keinen Schmerz zeigen, nicht jammern und schon gar nicht weinen."*

Fragt euch selbst: Wann habt ihr zuletzt einen Mann weinen sehen? Diese tief verankerten Regeln prägen uns oft so sehr, dass wir sie unbewusst als Maßstab nehmen. Doch genau diese Muster hindern uns daran, authentisch zu sein. Sie stecken uns in Schubladen, aus denen wir uns nur schwer befreien können.

Die Bedeutung von Unterstützung durch das Umfeld

Unser Umfeld hat einen enormen Einfluss auf unser Wohlbefinden. Um das zu verdeutlichen, möchte ich eine kleine Geschichte teilen:

Die Geschichte vom Efeu und den Gänseblümchen

In einem Garten wuchs ein Efeu neben einem Feld voller Gänseblümchen. Die Gänseblümchen waren zufrieden, wie sie waren: fest verwurzelt im Boden, ein bisschen Sonne, ein bisschen Regen, und das Leben war für sie gut. Doch der Efeu war anders. Er wollte nicht am Boden bleiben – er wollte klettern, wachsen und die Mauer emporranken.

Die Gänseblümchen wunderten sich über den Efeu und begannen ihm zuzurufen:

- *„Du kannst das nicht! Du bist doch auch nur eine Pflanze wie wir!"*
- *„Bleib, wo du bist, du gehörst hier zu uns!"*
- *„Warum willst du höher hinaus? Das ist doch unnötig!"*

Zuerst ignorierte der Efeu diese Stimmen. Doch mit der Zeit wurde er unsicher. Vielleicht hatten die Gänseblümchen recht? Vielleicht sollte er aufhören, zu klettern, und so werden wie sie? Schließlich passte er sich an, blieb am Boden – und verkümmerte. Sein Drang, zu wachsen, wurde ihm genommen, weil er glaubte, er müsse sich den Erwartungen der Gänseblümchen fügen.

Die Botschaft:

Die Geschichte verdeutlicht, wie schädlich ein
Umfeld sein kann, das einen nicht fördert oder
unterstützt, sondern stattdessen klein hält. Manche Menschen – wie der Efeu – brauchen mehr
Raum, Freiheit und Herausforderungen, um sich
zu entfalten. Doch wenn sie von einem Umfeld
umgeben sind, das sie aufhält oder ihnen ihre
Stärken abspricht, verlieren sie ihre Kraft und
verkümmern.

<u>Was hat das Ganze mit Burnout zu tun?</u>

- Nur weil andere dich als etwas sehen, heißt
  das nicht, dass du es auch bist.
- Wenn du nicht glücklich bist, wo du bist
  oder was du tust, könnte das an deinem
  Umfeld liegen.
- Wenn du nur auf andere hörst, wirst du
  nie du selbst sein – und das wird dich zer-
  stören.

Die Moral ist klar: Nur weil andere denken, du
gehörst in eine bestimmte Rolle, bedeutet das
nicht, dass es die richtige Rolle für dich ist. Du
hast das Recht, deine eigene Wahrheit zu leben –
auch wenn das bedeutet, dass du dich von deinem
bisherigen Umfeld lösen musst.

Selbstwahrnehmung: Wer bin ich wirklich? Bin
ich ein Gänseblümchen, oder bin ich ein Efeu?

Umfeldanalyse: Unterstützt mein Umfeld mein
Wachstum, oder hält es mich zurück?

Mut zur Veränderung: Die Geschichte ermutigt Menschen, sich von toxischen Einflüssen zu lösen und ein Umfeld zu suchen, das sie in ihrem Wachstum unterstützt.

Methoden, die mir geholfen haben

Der Tag beginnt bewusst

Ein guter Start in den Tag setzt den Ton für alles, was folgt. Deshalb ist es wichtig, den Morgen achtsam zu beginnen. Hier sind die Schritte, die mir geholfen haben:

- **Nicht sofort aus dem Bett springen:** Nehmt euch nach dem Aufwachen fünf Minuten Zeit, um euch zu sammeln. Prüft eure innere Verfassung, euren „Stresslevel".
- **Ein kurzer „Bodycheck-Scan":** Geht bewusst in euch und nehmt euren körperlichen Zustand wahr. Das hilft, besser zu verstehen, wie ihr euch fühlt und was euer Körper braucht.

Erklärung: Stresslevel

Jede Person hat ein individuelles Stresslevel, das sich auf einer Skala von 0 bis 100 einordnen lässt. Der „normale" Bereich liegt zwischen 30 und 70. Dieser Bereich ist nicht unbedingt negativ – auch

Vorfreude oder Aufregung können den Stresslevel erhöhen.

- **Unter 30:** Ihr fühlt euch schläfrig, unmotiviert und kaum aufnahmefähig.
- **Über 70:** Ihr habt die Kontrolle über euch selbst verloren, werdet von euren Gefühlen gesteuert und seid ebenfalls nicht mehr aufnahmefähig.

Das Ziel ist, euren Stresslevel frühzeitig zu erkennen und rechtzeitig gegenzusteuern. Dabei kann euch die sogenannte *Skillskette* helfen. Sie zeigt euch, welche Methode euren Stresslevel auf ein niedrigeres, erträgliches Maß bringen kann.

Erklärung: Bodycheck-Scan

Der Bodycheck-Scan ist ein kurzer, bewusster Check, der euch hilft, euren körperlichen Zustand wahrzunehmen. Dieser Prozess dauert nur etwa eine Minute:

1. Legt euch entspannt hin, Beine leicht geöffnet, Arme seitlich vom Körper abgelegt.
2. Beginnt bei den Zehen des linken Fußes und „scannt" jeden Zeh einzeln. Fragt euch: „Was fühle ich hier?" Versucht, die Wahrnehmung neutral zu halten, ohne zu bewerten.
3. Geht weiter zu den Waden, Knien und Oberschenkeln.
4. Wiederholt den Vorgäng mit dem rechten Bein.
5. Anschließend scannt ihr den Bauch, Rücken, Schultern und Arme bis hin zu Hals und Kopf. Achtet darauf, ob es Verspan-

nungen oder andere körperliche Beschwer-
den gibt.

Dieser Scan verschafft euch einen schnellen Über-
blick über euren Zustand. Mit diesen Informatio-
nen könnt ihr gezielt entscheiden, wie ihr den Tag
angehen möchtet.

<u>Beispiele für Reaktionen:</u>

- **Bei Verspannungen:** Nutzt eine Wärmefla-
  sche, Rotlicht, Massage oder ein warmes
  Bad.
- **Bei Schlappheit:** Verschiebt Aktivitäten
  und lasst den Tag ruhiger angehen.
- **Bei einem hohen Stresslevel:** Bleibt länger im Bett, hört euch eine Traumreise an
  oder meditiert.

<u>Das Wichtigste:</u>

<u>Tut das, was euch langfristig gut tut</u>! Wenn etwas zu viel wird, geht einen Schritt zurück. Gebt
euch die Erlaubnis, die Situation auf euch wirken
zu lassen – sowohl körperlich als auch geistig.

Kapitel 5: Mein Leben nach der Reha

Das wohl Wichtigste für mich war die Entscheidung, aus gesundheitlichen Gründen meinen Job zu kündigen.

<u>Was sich in meinem Alltag geändert hat:</u>

- Ich kann nur noch eines nach dem anderen machen (kein Multitasking).
- Geräuschempfindlichkeit (je leiser, desto besser).
- Menschenansammlungen vermeide ich, hier fühle ich mich eingesperrt und unter Stress.
- Tägliche Meditation (z. B. taoistische Atemmeditation, Bodycheck).
- Ruhephasen (bis zu 1 Stunde auf der Couch schlafen).
- Abwägen, was mir langfristig guttut.
- Geschwindigkeit und schnelle Bewegungen kann ich nicht koordinieren oder kontrollieren

Das hört sich vielleicht nicht schlimm an, aber um der Sache eine Zahl zu geben: Meine Leistungsfähigkeit ist trotz erfolgreicher Reha und Psychotherapie bei etwa 68 %, aber immer noch besser als die 30 %, die ich zu Beginn der Reha hatte.

<u>Welche psychosomatischen Anzeichen hatte ich vor dem Burnout:</u>

- Tägliche Kopfschmerzen.
- Tägliche Bauchschmerzen und Durchfall.
- Migräneattacken, die bis zu drei Tage andauerten, begleitet von Erbrechen.
- Herzflattern (Extrasystolen).
- Sehstörungen (Flimmern).
- Nervenzucken der Hand (ähnlich wie Parkenson).
- Krämpfe (komplette linke Körperseite).
- Gefühl von Watte im Kopf (Rauschen, Grießeln).
- Gleichgewichtsstörungen.
- Schwindelanfälle bis hin zur gefühlten Bewusstlosigkeit (vor allem beim Autofahren – je näher ich zur Arbeit kam, desto schlimmer wurde es).
- Panikattacken (auch im Urlaub)

<u>Folgeschäden, die ich heute noch habe:</u>

- Konzentrationsschwäche.
- Kein Multitasking.
- Probleme, mir Dinge länger zu merken.
- Tinnitus im Ohr.
- Joggen oder schnelles Laufen ist nicht mehr möglich – es fühlt sich zu schnell an.
- Laute Geräusche oder Menschenmengen lösen einen Fluchtinstinkt aus.

- Telefonieren bringt alte Emotionen des Problemlösens hoch und versetzt mich in extremen Stress.

Aber das ist okay. Viele dieser Einschränkungen sind ein Selbstschutz meines Körpers, und ich habe gelernt, damit zu leben.

<u>Sätze, von denen ich mich gelöst habe:</u>

- „Ich muss für andere da sein."
- „Ich kann nicht krank werden."
- „Mir passiert so etwas nicht."
- „Ich bin nicht gut genug."
- „Ich muss schneller werden."
- „Ich kann nicht so sein, wie ich will."
- „Ich darf keine Fehler machen."
- „Nur, wenn ich etwas leiste, werde ich geliebt oder bin etwas wert."
- „Ich muss alles alleine schaffen."
- „Ich muss...."

<u>Sätze, die mich begleiten:</u>

- „Ich bin genug."
- „Ich akzeptiere meine Grenzen."
- „Ich darf Nein sagen."
- „Ich lasse negative Dinge los."
- „Ich darf Fehler machen."
- „Ich habe oberste Priorität."
- „Es ist OK so wie es ist"
- „Es braucht nichts perfekt sein"

- „Behandle ich mich so, wie einen guten Freund?"

Diese positiven Affirmationen sind für mich zu einem täglichen Begleiter geworden, besonders an Tagen, die schwerer sind als andere.

Die Skills-Kette – Ein Werkzeug zur Emotionsregulation

Die Skillskette ist ein Konzept, das mir während der Reha beigebracht wurde und das ich bis heute nutze. Sie hilft, in belastenden Situationen handlungsfähig zu bleiben und den Stresslevel zu regulieren.

<u>Ziele der Skillskette:</u>

1. Akute Belastung reduzieren: Den Stress oder die Emotionen kurzfristig auf ein erträgliches Maß senken.
2. Langfristig emotional regulieren: Neue Gewohnheiten und Strategien entwickeln, um besser mit Stress umzugehen.
3. Achtsames Handeln fördern: Die eigene Reaktion bewusst steuern, anstatt impulsiv zu reagieren.

<u>Aufbau der Skillskette:</u>

Die Skillskette umfasst verschiedene Ebenen, die je nach Intensität des Stresslevels angewendet werden können. Sie arbeitet mit Notfall- und Basisskills, die individuell anpassbar sind.

1. <u>Achtsamkeit als Grundlage:</u>
   - Beobachten: „Was passiert gerade?" Die aktuelle Situation wahrnehmen, ohne zu bewerten.
   - Beschreiben: „Was fühle ich? Was denke ich?" Klare Begriffe für die Emotionen und Gedanken finden.
   - Akzeptieren: „Es ist okay, dass ich mich gerade so fühle."

2. <u>Notfall-Skills / Stop-Skills (bei akuter Belastung):</u>
   - Kälte: Hände in kaltes Wasser tauchen, ein kaltes Tuch auf das Gesicht legen oder einen Eiswürfel in der Hand halten.
   - Bewegung: Kurze, intensive körperliche Aktivität wie Seilspringen oder Hampelmänner, um Adrenalin abzubauen.
   - Atemtechniken: Langsame, tiefe Bauchatmung oder die 4-7-8-Technik (4 Sekunden einatmen, 7 Sekunden halten, 8 Sekunden ausatmen).
   - Schmerzreiz: Chilli essen, Riechampullen, Schmerzringe, Zwicken

3. <u>Basisskills (für den Alltag):</u>

- o Sinnliche Wahrnehmung: Angenehme Gerüche oder beruhigende Musik einsetzen.
- o Strukturierte Tagesplanung: Klare Routinen schaffen, um Stabilität zu fördern.
- o Achtsame Spaziergänge: Sich bewusst auf die Umgebung konzentrieren.
- o Ablenkung durch Gummibänder „schnalzen" als Armband
- o Anti-Stress Bälle
- o Duftampullen
- o Scharfe Zuckerl

4. <u>Reflexion und langfristige Strategien:</u>
- o Gefühlstagebuch: Welche Emotionen treten auf? Was hat geholfen, was nicht?
- o Grenzen setzen: Klar formulieren, was man nicht leisten kann oder will.
- o Selbstfürsorge: Sich regelmäßig Zeit für angenehme Aktivitäten nehmen.

Die Skillskette ist ein wertvolles Werkzeug, das mir hilft, in schwierigen Momenten handlungsfähig zu bleiben.

<u>Probiert verschiedene Techniken und Produkte aus und stellt euch eure eigene Skills-Kette zusammen.</u>

Das Ziel ist, jederzeit darauf zugreifen zu können – sei es unterwegs, bei der Arbeit oder zu Hause. Bewahrt die benötigten Utensilien in einer kleinen Tasche auf, die ihr immer bei euch habt. Denn eines ist sicher: Stresssituationen treten oft dann auf, wenn man sie am wenigsten erwartet.

Beispiel einer Skills-Kette

Hier ist ein Einblick in meine persönliche Skills-Kette, die sich im Laufe der Zeit bewährt hat:

Stresslevel 30-50: Leichter Stress, der kontrolliert werden kann

- **Taoistische Atemmeditation**: Diese Atemtechnik kann überall angewendet werden – im Gehen, Sitzen, Stehen oder sogar während der Autofahrt. Sie hilft mir, den Fokus auf meinen Atem zu lenken und so meinen inneren Stress abzubauen.
- **Düfte**: Ein kleiner Lavendel-Gesichtsroller oder ein Fläschchen mit ätherischem Öl zum Auftragen auf die Haut wirken oft beruhigend.
- **Scharfer Kaugummi**: Die Schärfe lenkt die Aufmerksamkeit auf eine einfache, körperliche Empfindung und bricht den Stresskreislauf.
- **Meditationsmusik**: Sanfte Klänge helfen mir, meinen Geist zu entspannen und mich von äußeren Reizen abzugrenzen.

<u>Stresslevel 50-60: Mittlerer Stress, der zunehmend belastet</u>

- **Anti-Stressball oder Faszienball**: Je nach Intensität drücke ich den Ball entweder sanft in der Handfläche oder nutze ihn zur gezielten Druckmassage auf den Fingerknöcheln (leichter Schmerzreiz). Die physische Aktivität hilft mir, überschüssige Anspannung abzuleiten.

<u>Stresslevel 60+: Hoher Stress, der schnelle Gegenmaßnahmen erfordert (STOP-Skill)</u>

- **Schmerzzufügung**: In extremen Stressmomenten greife ich auf diesen STOP-Skill zurück. Ein kurzes, kontrolliertes Zwicken in die Haut oder leichtes Beißen in die Finger können helfen, mich aus der Stressspirale zu holen und mich wieder in den Moment zurückzubringen.

<u>Ein paar Tipps für die Zusammenstellung eurer Skills-Kette:</u>

1. **Flexibilität ist entscheidend:** Verwendet Skills, die ihr überall anwenden könnt – ob unterwegs, zu Hause oder bei der Arbeit. Es bringt nichts, auf Techniken zu setzen, die nur in bestimmten Umgebungen möglich sind.

2. **Übung macht den Meister:** Je öfter ihr eure Skills anwendet, desto schneller könnt ihr sie in akuten Momenten abrufen.
3. **Seid ehrlich mit euch selbst:** Wenn ein Skill nicht funktioniert, sucht nach Alternativen. Es gibt keine „falschen" Skills – nur solche, die zu euch persönlich passen oder eben nicht.

Denkt daran: Die besten Skills helfen euch nicht, wenn ihr sie nicht griffbereit habt. Haltet sie immer bereit, denn Notfälle kündigen sich selten an. Es geht darum, vorbereitet zu sein und in schwierigen Momenten schnell reagieren zu können.

Die Skills-Kette soll euch helfen, in einen niedrigeren Level zu gelangen, ab hier kann dann mit den niedrigeren Skills weitergearbeitet werden.

Kapitel 6: Mythen und Irrglauben

Burnout und Depression sind Themen, die immer mehr Aufmerksamkeit erhalten, doch trotz wachsender Offenheit existieren zahlreiche Mythen und Missverständnisse. Diese Fehlinformationen erschweren nicht nur den Zugang zu Hilfe, sondern führen oft auch dazu, dass sich Betroffene unverstanden oder stigmatisiert fühlen. In diesem Kapitel möchte ich einige der häufigsten Mythen aufgreifen und der Realität gegenüberstellen.

Mythos 1: „Burnout trifft nur Leute, die schwach sind.“

- **Gängige Aussage:** *„Du musst einfach nur stärker sein, dann kommst du da schon durch.“*
- **Realität:** Burnout hat nichts mit Schwäche zu tun. Es ist das Ergebnis einer chronischen Überforderung, die sich über einen langen Zeitraum aufbaut – oft bei Menschen, die besonders ehrgeizig, engagiert oder perfektionistisch sind. Gerade diese Eigenschaften machen sie anfällig für Überlastung, da sie oft mehr geben, als sie zurückbekommen, und ihre eigenen Grenzen ignorieren.

Mythos 2: „Einfach mal Urlaub machen, dann wird alles wieder gut."

- **Gängige Aussage:** *„Du bist einfach nur gestresst. Ein paar Wochen am Strand, und du bist wie neu."*
- **Realität:** Urlaub kann kurzfristig helfen, Stress abzubauen, löst aber nicht die zugrunde liegenden Probleme eines Burnouts oder einer Depression. Oft kehren Betroffene aus dem Urlaub zurück und stehen sofort wieder vor denselben Herausforderungen. Ohne langfristige Veränderungen in den Arbeitsbedingungen oder im Umgang mit Stress bleibt der Erholungseffekt aus.

Mythos 3: „Depression ist nur schlechte Laune."

- **Gängige Aussage:** *„Reiß dich zusammen, jedem geht es mal schlecht."*
- **Realität:** Depression ist eine ernsthafte Erkrankung, die weit über „schlechte Laune" hinausgeht. Sie beeinflusst nicht nur die Stimmung, sondern auch den Körper und die kognitiven Fähigkeiten. Symptome wie Schlaflosigkeit, Antriebslosigkeit, körperliche Schmerzen oder Konzentrationsprobleme sind häufig und können ohne Behandlung chronisch werden.

Mythos 4: „Man muss nur positiver denken."

- **Gängige Aussage:** *„Du musst einfach lernen, das Gute zu sehen."*
- **Realität:** Positive Gedanken allein reichen bei Burnout oder Depression nicht aus. Diese Zustände greifen tief in die Biochemie des Gehirns ein. Betroffene können nicht einfach „positiv denken", wenn sie von Erschöpfung und Selbstzweifeln überwältigt werden. Es braucht Therapie, Unterstützung und manchmal auch medizinische Hilfe, um langfristige Fortschritte zu erzielen.

Mythos 5: „Burnout und Depression sind dasselbe."

- **Gängige Aussage:** *„Das ist doch nur ein anderes Wort für Depression."*
- **Realität:** Burnout und Depression sind unterschiedliche, wenn auch oft miteinander verbundene Zustände. Burnout ist meist arbeitsbezogen und entsteht durch chronische Überlastung und Stress. Depression hingegen kann viele Ursachen haben, darunter genetische, soziale und biologische Faktoren. Während Burnout oft mit beruflichem Rückzug einhergeht, betrifft Depression alle Lebensbereiche.

Mythos 6: „Nur Erwachsene können Burnout bekommen."

- **Gängige Aussage:** *„Kinder und Jugendliche haben doch keinen Stress."*
- **Realität:** Auch Kinder und Jugendliche können Burnout erleben, besonders durch schulischen Leistungsdruck, familiäre Erwartungen oder soziale Konflikte. Die Anzeichen bei jungen Menschen sind jedoch oft anders und werden als „pubertäres Verhalten" abgetan. Hier ist Sensibilität und Aufmerksamkeit gefragt.

Mythos 7: „Wenn du dir Hilfe suchst, bist du schwach."

- **Gängige Aussage:** *„Das muss man alleine durchstehen."*
- **Realität:** Sich Hilfe zu suchen, ist kein Zeichen von Schwäche, sondern von Stärke. Es erfordert Mut, die eigenen Grenzen anzuerkennen und aktiv nach Unterstützung zu suchen. Therapie und Beratung sind keine „Krücken", sondern wertvolle Werkzeuge, um gesund zu werden und besser mit Belastungen umzugehen.

Mythos 8: „Überstunden erzeugen Burnout, Normalarbeitszeit nicht."

- **Gängige Aussage:** *„Ohne sehr viele Überstunden, kannst du kein Burnout haben"*
- **Realität:** Hier wird Quantität vor Qualität gestellt und schlichtweg falsch. Jede Person hat eine andere Belastungsgrenze, ge-

nauso wie Persönlichkeit. Für die einen ist
diese Grenze früher erreicht, für andere
nie. Es ist auch von äußeren Umständen
abhängig wie: Umfeld, Arbeit, Familie, Pri-
vates, Kollegen, Arbeitsbereich, Verantwortung.

Warum Mythen gefährlich sind

Diese und andere Mythen tragen dazu bei, dass
Burnout und Depression nicht die Aufmerksamkeit und Ernsthaftigkeit bekommen, die sie ver-
dienen. Sie führen dazu, dass Betroffene sich
nicht trauen, Hilfe zu suchen, oder dass ihr Umfeld die Anzeichen übersieht. Nur durch Aufklä-
rung und ehrliche Gespräche können wir diese
Missverständnisse abbauen und eine Umgebung
schaffen, in der Hilfe möglich ist.

Kapitel 7: Abschließende Gedanken – Ein Weg voller Hoffnung

Burnout und Depression betreffen nicht nur den Einzelnen, sondern auch das Umfeld – Familien, Kolleg*innen, Freund*innen. Es ist an der Zeit, die Mythen hinter uns zu lassen und den Betroffenen mit Verständnis und Unterstützung zu begegnen.

Wenn du dieses Buch gelesen hast, hast du vielleicht etwas gefunden, das dich inspiriert oder berührt hat. Burnout und Depression sind keine Endstationen, sondern Herausforderungen, die uns zeigen, dass wir etwas ändern müssen, um wieder ins Gleichgewicht zu kommen.

<u>Denk daran:</u>

- Veränderung beginnt mit kleinen Schritten.
- Sei freundlich zu dir selbst, besonders an schweren Tagen.
- Suche nach dem, was dir guttut, und sei bereit, Neues auszuprobieren.

Der Weg zur Heilung ist kein gerader Pfad, und es ist in Ordnung, zwischendurch zu straucheln. Was zählt, ist, dass du weitermachst, uns ist der Schritt noch so klein!

Abschließend möchte ich dir eines mitgeben:
Du bist es wert, für dich selbst zu kämpfen. Dein Leben ist einzigartig und kostbar. Jeder Tag ist eine neue Chance, auch nur einen kleinen Moment davon zu genießen.
Bleib auf deinem Weg, verliere nie die Hoffnung – und glaube daran, dass das Beste für dich noch kommen wird.

Mein persönlicher Lebensgrundsatz:

„Mut steht am Anfang des Handelns, Glück am Ende." *(Demokrit)*

- Habe den MUT, für Veränderung einzutreten.
- Setze die Veränderung in die Tat um.
- Es erfordert MUT, gegen alte Gewohnheiten zu kämpfen.

Sei dir bewusst: DU hast mehr Mut, als du denkst.

Kapitel 8: Danksagung

Am Ende dieses Buches möchte ich allen danken,
die mich auf meiner Reise begleitet haben. Ohne
ihre Unterstützung wäre ich heute nicht da, wo
ich bin.

Danke dem Leben selbst, für alle Höhen und Tie-
fen, aus denen ich lernen durfte. Sie haben mich
zu dem gemacht, der ich heute bin.

Mein besonderer Dank gilt:

- **Meiner Frau:** Für ihre Geduld, ihr Verständnis und ihre unerschütterliche Liebe,
  auch in den schwierigsten Zeiten. Du hast
  mir gezeigt, dass ich nie allein bin, egal wie
  dunkel es scheint.

- **Meinen Freundinnen und Freunden aus
  der Reha:** Für die vielen Gespräche, die
  kleinen Gesten und die großen Taten, die
  uns alle immer wieder daran erinnern,
  dass es Menschen gibt, die mit den gleichen Problemen und Krankheiten kämpfen.

- **Meinen Therapeutinnen und Ärztinnen:**
  Ihr habt mir geholfen, wieder zu mir selbst
  zu finden, und mir Werkzeuge an die Hand
  gegeben, um mein Leben neu zu gestalten.

Dieses Buch ist auch jenen gewidmet, die ihren Kampf mit Burnout oder Depression nicht gewinnen konnten.

Eure Geschichten sind nicht vergessen. Ihr erinnert uns daran, wie wichtig es ist, Hilfe zu suchen, zuzuhören und füreinander da zu sein.

Besonders möchte ich unseren Freundes Harald gedenken, einem der Musketiere in unserer Gemeinschaft.

Dieses Buch ist auch ein Teil deiner Geschichte. Du bist nicht vergessen.

F.U.H.R.M.

Mit diesen Worten endet dieses Buch, doch dein Weg fängt vielleicht gerade erst an.

Ich wünsche dir Mut, Kraft und die Fähigkeit, die kleinen Freuden des Lebens wieder zu entdecken.